미국의 대통령

오늘날 세계를 움직이는
파워 리더들

·미국 ②·

세계통찰

★ 미국을 만든 사람들 2 ★

미국의 대통령

오늘날 세계를 움직이는
파워 리더들

한솔교육연구모임 지음

솔과나무

08

아일랜드 출신 진보 대통령
존 F. 케네디   • 020

John F. Kennedy

사회적 약자를 위한 배려 ǀ 케네디 가문의 시작 ǀ 권력을 탐한 조지프 케네디 ǀ 차별적인 자
녀 교육 ǀ 비운의 로즈마리 케네디 ǀ 제35대 대통령 당선 ǀ 뉴프런티어 정책 ǀ 평화봉사단 설
립 ǀ 우주개발의 꿈 ǀ 인종차별 철폐 노력 ǀ 피그만 침공 사건 ǀ 보수파와의 갈등 ǀ 불편한 관
계가 된 이스라엘 ǀ 암살자 오즈월드 ǀ 세 발의 총성 ǀ 미궁에 빠진 사건 ǀ 밝혀지는 진실들

왜 미국을
읽어야 할까요?

〈세계통찰〉 시리즈는 다양한 독자들에게 세계를 통찰할 수 있는 지식과 교양을 전해 주고자 합니다. 미국을 시작으로 중국, 일본, 중남미, 유럽, 아시아, 아프리카 등 오대양 육대주의 주요 국가들에 관한 정치, 경제, 역사, 문화 등 다양한 정보를 제공하여 세상이 움직이는 원리를 독자 스스로 알게끔 하고자 합니다.

지구상에 있는 국가들은 별개가 아니라 서로 연결된 유기체입니다. 여러 나라 가운데 〈세계통찰〉 시리즈에서 미국 편 16권을 먼저 출간하는 이유는 유기적인 세계에서 미국이 가진 특별한 지위 때문입니다. 19세기까지 세계를 호령하던 대영제국의 패권을 이어받은 미국은 20세기 이후 오늘날까지 세계 유일의 초강대국으로 세계를 이끌고 있습니다. 또한 세계 최강의 경제력을 기반으로 자유시장을 중시하는 자본주의 이념을 전 세계에 전파했습니다. 우리나라를 포함하여 많은 나라가 세계 최대 시장인 미국과의 무역을 통해 가난을 딛고 경제성장을 이룰 수 있었습니다. 애플이나 구글 같은 미국 기업들이 새로운 산업을 일으키면서 미국은 물론, 전 세계에 수많은 일자리와 자본력을 제공했습니다.

이처럼 전 세계에 커다란 영향을 미치고 있는 미국이라는 나라를 알기 위해 '미국의 대통령'을 시작으로 한 '미국을 만든 사람들' 편을 소개합니다. 대통령제를 기반으로 한 미국식 민주주의는 전 세계로 전파되면서 수많은 국가에 영향을 미치고 있습니다. 제2차 세계대전 이후 독립한 국가들이 대부분 대통령제를 선택하면서 대통령제는 미국을 넘어 많은 국가의 정치체제로 자리 잡았습니다. 도전 정신과 혁신을 바탕으로 미국 경제를 세계 최강으로 만든 '기업인들' 역시 우리에게 많은 교훈을 줍니다. 세계인의 감성과 지성을 자극하고 있는 '예술인과 지식인'도 이야기의 대상입니다.

'사회 문화' 편에서는 미국의 문화를 통해 미국만이 가진 특성을 살펴봅니다. 창의와 자유를 존중하는 사회 분위기는 할리우드 영화, 청바지, 콜라 등 미국만의 문화를 탄생시켰고 이는 전 세계로 확산되어 지구촌의 문화로 자리 잡았습니다. 이제 미국의 문화는 미국인만 누리는 것이 아니라 세계인이 함께 공유하는 것이 되었습니다.

'산업' 편에서는 정보통신, 우주항공, 에너지, 유통 등 미국의 주력 산업을 통해 오늘날 미국이 세계경제를 주무르고 있는 비결과 미래에도 미국이 변함없이 강력한 영향력을 행사할 수 있는 이유에 대해 알아봅니다.

'전쟁' 편에서는 미국이 참전한 전쟁을 통해 전쟁이 미국은 물론 세계에 미친 영향에 대해 살펴봅니다. 미국은 전쟁으로 독립을 쟁취했을 뿐만 아니라 세계를 움직일 수 있는 새로운 질서를 만들어냈습니다. 다시 말해 전쟁은 미국이 세계를 뜻대로 움직이는 도구였습니다.

이처럼 미국의 정치, 경제, 문화 등 각 분야는 20세기 이후 지구촌에 막대한 영향을 미치고 있기에 미국에 관한 지식이 없으면 세계를 제대로 이해할 수 없습니다. 미국을 제대로 알게 된다면 세상이 돌아가는 힘의 원리를 더 잘 알 수 있습니다.

〈세계통찰〉 시리즈 미국 편은 '미국을 만든 사람들'(6권), '세계의 중심이 된 미국의 문화와 산업'(6권), '전쟁으로 일어선 미국'(4권)으로 되어 있습니다. 이렇게 총 16권의 인물, 사회 문화, 산업, 전쟁 등 주요 분야를 다루면서 단편적인 지식의 나열이 아니라 미국의 진면목, 나아가 세계의 흐름을 알 수 있도록 했습니다. 적지 않은 분량이지만 정치, 경제, 문화사에 남을 인물들과 역사에 기록될 사건을 중심으로 다양한 예화와 사례를 들어가면서 쉽고 재미있게 썼습니다. 처음부터 끝까지 차분히 읽다 보면 누구나 미국과 세계의 과거와 현재, 미래를 명확하게 들여다볼 수 있는 통찰력을 가질 수 있을 것입니다.

세계를 한눈에 꿰뚫어 보는 〈세계통찰〉 시리즈! 길고도 흥미진진한 이 여행에서 처음 만나게 될 나라는 미국입니다. 두근거리는 마음으로 함께 출발해봅시다!

한솔 (한솔교육연구모임 대표)

세상의 변화를 읽고,
앞을 내다보는 힘

미래학자 엘빈 토플러는 "한국 학생들은 하루 10시간 이상을 학교와 학원에서 자신들이 살아갈 미래에 필요하지 않을 지식을 배우고, 존재하지 않을 직업을 위해 아까운 시간을 허비하고 있다"라고 했습니다. 그렇다면 우리는 무엇을 배우고, 생각해야 할까요? 수년 안에 지구촌은 큰 위기를 맞이할 가능성이 큽니다. 위기는 역사적으로 늘 존재했지만, 앞으로 닥칠 상황은 미국과 중국의 패권 전쟁의 상황에서 과거와는 차원이 다른 큰 변화가 일어날 것입니다.

2018년 기준 중국은 미국의 66% 수준의 경제력을 보입니다. 구매력 기준 GDP는 중국이 이미 2014년 1위에 올라섰습니다. 세계 최강의 지위를 위협받은 미국은 트럼프 집권 이후 중국에 무역 전쟁이란 이름으로 공격을 시작했습니다. 미국과 중국의 무역 전쟁은 단순히 무역 문제로만은 볼 수 없는 정치, 사회, 경제, 문화가 엮여있는 총체적 전쟁입니다. 미국과 중국의 앞날을 예측하기 위해서는 경제 분야 외에, 정치, 사회, 문화 등을 통합적으로 볼 수 있어야 합니다.

역사는 리듬에 따라 움직입니다. 현재와 비슷한 문제가 과거에 어떤 식으로 일어났는지를 알면 미래를 읽는 통찰력이 생깁니다. 지나온 역사를 통해 세상의 변화를 읽고 앞을 내다보는 힘을 길러야 합니다. 역사를 통해서 남들이 보지 못하는 곳을 보고, 다른 사람과 다르게 생각하는 힘을 길러야 합니다.

〈세계통찰〉은 이러한 필요에 따라 세계 주요 국가의 역사, 경제, 사회, 문화 등 다양한 주제를 통해 세계를 이해하는 안목을 심어주고자 쓰인 책입니다. 솔과나무 출판사는 오대양 육대주에 걸쳐 있는 중요한 나라를 대부분 다루는 계획 아래 먼저 미국과 중국에 대한 책을 출간할 계획입니다. 이는 오늘날 미국과 중국이 정치, 경제, 문화 등 모든 분야를 선도하며 전 세계에 막대한 영향을 미치고 있는 초강대국이기 때문입니다. 〈세계통찰〉 시리즈는 미국과 중국 세계 양강 대결의 상황에서 미중 전쟁의 미래를 예측할 수 있는 훌륭한 나침반이 될 수 있을 것입니다.

특히 미국은 정치, 경제, 문화 등 어느 분야로 보아도 세계인의 관심을 가장 많이 받는 나라입니다. 〈세계통찰〉 시리즈 '미국'은 정치, 경제, 사회 문화 모든 분야에 걸쳐서 시간과 공간을 넘나들며 현재의 미국을 이해할 수 있게 만든 획기적인 시리즈입니다. 인물, 산업, 문화, 전쟁 등의 키워드로 살펴보면서 미국의 역사와 문화, 각국과의 상호관계를 파악할 수 있는 지식과 읽을거리를 제공합니다. 인물과 사건을 중심으로 이야기를 이어가고 그 과정에서 우리가 오늘날 세상을 살아갈 때 활용할 수 있는 지혜를 담고 있습니다. 단순히 사실 나열에 그치지 않고, 왜 그렇게 되었는지, 그 뒤에는 어떻게 되었는지, 과정과 흐름 속에서 숨은 의미를 찾아냄으로써 유연하고 창의적인 생각을 할 수 있도록 자극합니다. 무엇보다 〈세계통찰〉 시리즈에는 많은 이들의 실패와 성공의 경험이 담겨 있습니다. 앞서 걸은 이들의 발자취를 통해서만 우리는 세상을 보는 통찰력을 키울 수 있다는 사실을 기억했으면 합니다.

　미국을 자세히 들여다보면 지구촌 사람들의 모습을 다 알 수 있다고도 합니다. 세계를 이끌어가는 미국을 이해한다는 것은 단순히 한 나라를 아는 것이 아니라 세계를 이해하는 것이기 때문에 〈세계통찰〉 시리즈 미국 편을 통해 모두가 미국에 대해 입체적이고 통합적으로 살펴볼 수 있는 기회를 얻기를 바랍니다.

곽석희(청운대학교 융합경영학부 교수)

〈미국의 대통령〉 편에
붙여

어렸을 때 전 아버지의 인생 이야기를 듣는 것을 좋아했습니다. 그 이야기 속에는 서민들이 당시 열강인 일본, 중국, 소련, 미국이 우리나라에 주는 압박 속에서 살아온 생생함이 있었습니다. 1931년에 태어난 아버지는 해방을 맞이하자 학교 교과목에서 일본어가 빠지고 러시아어를 배우기 시작했는데, 나라의 운명이 강대국에 의해 좌지우지된다는 걸 느꼈다고 하셨습니다. 이후에는 월남하셔서 국군에 자원입대하셨습니다. 정전 후 일자리를 알아보다가 우연히 미군 부대 군무원으로 취직하게 되었습니다. 그렇게 저희 아버지는 총 4개 국어를 익히셨습니다. 먼저 한국말, 일제 강점기를 사셨으니 일본어, 황해도가 고향인 관계로 해방 후 소련의 영향으로 러시아어, 마지막으로 미군 부대 군무원으로 영어회화가 가능하게 되었습니다. 파란만장한 현대사의 산증인인 셈입니다.

어느 날 저는 아버지께 이런 질문을 했습니다. 아버지가 겪은 일본, 중국, 소련 중 누가 가장 나쁘냐고 말입니다. 아버지는 '미국이 가

장 나빠'라고 하셨습니다. 당시에는 미국 덕분에 직장을 다니고 있는
데 왜 저런 말씀을 하시는지 의문이 들었습니다. 나이가 들고 국제정
세에 대해서 어느 정도 알게 된 후 왜 아버지가 그런 말씀을 하셨는지
조금은 이해되기 시작했습니다. 힘센 국가가 하는 행위는 주변 국가
에 가장 큰 영향력을 미칩니다. 아버지를 통해서 짧은 근대사를 보면
우리는 강한 국가 사이에서 부대끼면서 살아왔습니다. 그들의 곁에
있으면 경제적인 이권 다툼이 있기 마련이고, 그 다툼에서는 강할수
록 대개 더 많은 이익을 가져갑니다. 우리가 생존하려면 강대국에 대
해서 알아야 합니다. 지금 가장 강한 나라는 미국입니다. 따라 서 미
국에 대해서 알아야 한다는 결론이 나옵니다.

〈세계통찰〉의 미국 편 1, 2권은 '미국의 대통령'으로 문을 열고 있습
니다. 대통령은 그 자신만 훌륭하다고 되는 것이 아닙니다. 국회의원
은 무소속이 당선될 수도 있지만, 대통령은 대부분 나라에서 정당 기
반이 있어야 가능합니다. 그리고 당시의 국내외 상황에 따라 당선되
는 대통령의 성향과 자질이 달라집니다. 따라서 미국 대통령의 일생
을 연구하면 미국의 역사와 정치, 경제가 어떻게 변해왔는지 알 수 있
습니다.

대통령 중심으로 미국을 공부하는 것은 흔히 교과서에서 왕을 중
심으로 역사를 공부하는 것과 비슷할지도 모릅니다. 그러나 대통령
과 왕은 다릅니다. 왕은 왕으로 태어난 것이고, 대통령은 성장하면서
만들어지기 때문입니다. 따라서 대통령을 연구하면 그 사회의 배경을

잘 알 수 있게 됩니다. 새로운 왕조도 만들어지기는 하지만 자주 만들어지는 것이 아니기에 대통령의 일생을 공부하는 것만큼 연속적으로 그 사회의 변화를 알 수는 없습니다.

미국 대통령의 일생에 대해서 읽으면서 다시 한번 느낀 것은 미국이 정말 우리나라에 많은 영향을 미치고 있었다는 사실입니다. 특히 제가 자라면서 미디어 매체에서 들었던 사건 사고들이 고스란히 이 책에 담겨 있었습니다. 이란의 미국대사관 인질 구출 작전인 아르고 작전, 레이건 대통령 암살 미수 등 텔레비전에서 보았던 사건 등이 소개되어 있습니다. 당시에는 저 사건이 왜 일어났는지 잘 알지 못했습니다. 후에 이 사건들이 왜 일어났는지 알게 되었지만 생생한 이야기는 잘 알지 못했습니다. 그런데 이 책을 보면 왜 이 사건들이 일어났는지, 그때 대통령의 역할이 무엇이었는지 잘 알 수 있습니다. 또 미국의 대통령이 한 나라의 정치, 경제 등 각 영역에 어떻게 영향을 미치고 있는지 알 수가 있어서, 우리나라 대통령이 우리에게 미치는 영향이 무엇일지 짐작할 수 있게 해줍니다.

이 책을 통해 알 수 있는 중요한 것은 대략 4가지로 요약될 수 있습니다.

첫째, 우리가 알던 사건들이 미국 대통령을 중심으로 어떻게 전개되었는지 알 수 있습니다.

둘째, 미국 대통령이 재임 기간 중 일궈냈던 업적들을 통해서 미국과 우리나라와의 관계를 재조명할 수 있으며 앞으로 미국에 대해서 우리가 어떻게 대처해야 하는지 알 수 있습니다.

　셋째, 미국 대통령의 성장과 당선 과정을 통해서 미국 사회가 가진 저력을 알 수 있습니다. 여기 소개된 미국 대통령 가운데 조지 워싱턴, 가장 존경받는 링컨 대통령 그리고 흑인 대통령인 오바마까지 상당수의 대통령이 어려운 환경에서 자랐습니다. 최고 권력자를 선출할 때도 역경을 이겨내고 성공하는 모습을 보여준 인물을 지지하는 미국 시민들이 미국의 저력이라고 할 수 있습니다.

　〈세계통찰〉 시리즈 '미국을 만든 사람들' 1권과 2권에서는 대통령을 중심으로 미국의 역사가 어떻게 전개되었는지 알려줍니다. 미국의 사례를 통해서 우리의 민주주의가 어떤 길을 걸어야 하는지 도움이 될 교훈을 얻을 수 있습니다. 청소년들에게 앞으로의 세계에서 꼭 필요한 지식을 담은 이 책을 권하고 싶습니다. 〈세계통찰〉의 내용은 우리나라 미래의 주역들이 어른이 되어 세계 최강대국 미국과 유리한 관계를 유지하는 데 꼭 필요한 자양분이 될 것입니다.

이수종 (신연중학교 과학 교사, 《학교도서관저널》 청소년 과학환경 분과 추천위원)

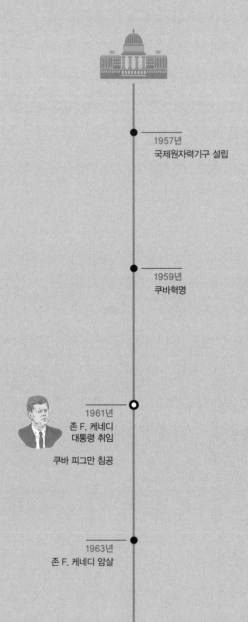

1957년
국제원자력기구 설립

1959년
쿠바혁명

1961년
존 F. 케네디
대통령 취임

쿠바 피그만 침공

1963년
존 F. 케네디 암살

08

John F. Kennedy

아일랜드 출신 진보 대통령

존 F. 케네디

미국 제35대 대통령 (1961~1963)
미국 최연소 당선 대통령으로 경제성장으로 인한 빈부 격차를 줄이고,
흑백 인종차별을 철폐하는 진보적인 정책을 펼쳤으나 텍사스주 방문 중
암살되었다.

사회적 약자를 위한 배려

미국 제35대 대통령 존 F. 케네디는 세계적으로 잘 알려진 유명한 인물입니다. 미국 최연소 대통령 당선자이고, 임기 중 암살당해 마치 영화처럼 짧은 삶을 살다 갔기 때문입니다. 하지만 케네디가 대통령으로서 보인 행보는 그 자신의 유명세에 비해 적게 알려져 있습니다.

케네디가 대통령에 당선된 1960년대 초, 미국 경제는 고성장을 거듭했지만 빈부 격차가 나날이 커져만 가고 있었습니다. 케네디는 정부가 적극적으로 개입해 이러한 빈곤 문제를 해결해야 한다고 생각각했습니다. 그는 복지 제도 확대를 위해 노력하고, 빈민 지역의 환경 개선 사업을 적극적으로 실시해, 가난한 사람에게도 전기와 수도 등 꼭 필요한 생활 기반 시설을 제공했습니다.

일반적으로 사람들은 존 F. 케네디가 무엇 하나 부족한 것이 없는 풍족한 집안에서 자랐기 때문에 가난한 사람들의 마음을 헤아릴 수 없을 것이라고 생각했습니다. 사실은 이와 달랐습니다. 그는 미국 역사상 사회적 약자를 가장 많이 배려하는 정책을 펼친 것으로 손꼽히며, 당시 미국 사회에서 소외되었던 흑인의 권익 향상을 위해서도 심혈을 기울인 대통령이었습니다.

존 F. 케네디가 이렇게 소외된 계층과 흑인의 인권 향상에 관심을 기울인 데는 나름대로 이유가 있었습니다. 케네디 가문은 아일랜드 출신으로, 미국 건국 이래 영국 출신 이주민들은 아일랜드 출신 이주민들을 '하얀 검둥이'라는 모욕적인 표현을 써가며 차별해왔습니다. 아일랜드 사람은 인종적으로 백인이 분명했지만, 당시 흑인에 대한 차별이 있었던 것처럼, 아일랜드인에게도 차별이 존재했습니다. 케네디도 이러한 차별을 받은 경험이 있었습니다. 이로 인해 케네디는 평등한 미국을 만드는 일에 전임 대통령들보다 각별한 관심을 가지고 있었습니다.

케네디 가문의 시작

원래 독립적 왕권 국가이던 아일랜드는 12세기 이후 식량 부족을 해결하기 위해 침공한 영국에 의해 혹독한 식민 지배에 시달렸습니다. 영국은 아일랜드에서 생산되는 거의 모든 농산물을 약탈해갔기 때문에 아일랜드 사람들은 만성적인 굶주림에 시달려야 했습니다. 다만 수탈 대상에서 영국인이 평소 싫어하던 작물인 감자만은 제외했는데, 그 때문에 감자가 아일랜드 사람들의 주식이 되었습니다.

19세기가 되자 전체 600만 아일랜드 인구 가운데 200만 명 이상이 오직 감자에 의존해 살아갈 정도로, 감자는 아일랜드인에게 절대적인

아일랜드 대기근을
상징하는 조각품

먹을거리가 되었습니다. 그런데 1845년 여름, 아일랜드에 감자잎마름병이 발생했습니다. 하룻밤 사이에 잎이 말라 죽는 이 감자역병은 순식간에 아일랜드 전역을 덮쳐 모든 감자를 썩게 만들었습니다. 이후 7년 동안 계속된 대기근으로 무려 200만 명 이상의 아일랜드 사람이 굶어죽거나 목숨을 건지기 위해 고국을 등져야 했습니다.

아일랜드인 패트릭 케네디Patrick Kennedy도 굶주림을 면하기 위해 1849년 아내와 함께 미국으로 가는 이민선에 몸을 실었습니다. 미국에 정착한 그는 열심히 일해 가난에서 벗어났습니다. 케네디 가문은 패트릭 케네디의 손자였던 조지프 케네디Joseph Kennedy 때에 이르러 본격적인 신분 상승을 이루었습니다.

조지프 케네디는 하버드대학교를 졸업한 엘리트로 돈벌이에 관해서라면 천부적인 감각을 지니고 있었습니다. 그는 25세 젊은 나이에

존 F. 케네디의 아버지인 조지프 케네디

부실한 은행을 헐값에 인수해 정상화하는 수완을 발휘했습니다. 은행업으로 목돈을 손에 쥐고 난 후, 돈이 될 만한 일이라면 물불을 가리지 않고 뛰어들었습니다.

1920년부터 미국에서 금주법이 시행되자, 조지프 케네디는 절호의 돈벌이 기회라고 생각했습니다. 그는 범죄조직과 끈끈한 관계를 맺고 외국에서 밀주를 들여와 큰돈을 벌었습니다. 외국에서 싼값에 들여온 술은 암시장에서 비싼 값으로 날개 돋친 듯 팔려 나갔습니다. 밀주로 막대한 돈을 움직일 수 있게 된 그는 새로운 돈벌이를 찾기 시작했습니다.

1920년대 미국 경제가 비약적인 성장을 거듭하면서 주식시장 역시 계속 커져갔습니다. 조지프 케네디는 처음에는 정상적인 주식거래를 통해 돈을 벌었지만, 더 큰돈을 벌기 위해 주가조작*에 나섰습니다. 당시만 하더라도 요즘처럼 정부가 주식시장을 철저하게 관리하지 않았기 때문에 주가조작이 얼마든지 가능했습니다. 치밀한 성격의 소유자였던 그는 동업자들과 몇 달씩 호텔 방에 머물면서 인위적으로 주가를 끌어올렸습니다. 주가가 충분히 올랐다는 생각이 들면 보유한 주식을 일시에 내다 팔아 막대한 시세 차익을 남겼습니다.

---

* 이익을 목적으로 주가를 인위적으로 움직이거나 고정시키는 것.

어느 날 조지프 케네디가 구두를 닦으러 갔는데, 구두닦이가 주식투자로 입을 떼더니 마치 주식 전문가처럼 설명을 줄줄이 늘어놓았습니다. 조지프 케네디는 거기서 한 가지 중요한 힌트를 얻었습니다. 1929년 당시 미국 사회에는 주식투자 열풍이 불어 웬만한 사람들은 전부 주식투자에 재산을 쏟아붓고 있었습니다. 그는 많이 배우지 못한 구두닦이조차 온통 주식투자에 관심이 쏠려 있다는 것은 분명 주식시장이 지나치게 과열되어 곧 터질 징조라고 생각했습니다. 그는 곧바로 보유하고 있던 주식을 모두 팔아치워 현금화했습니다.

머지않아 미국에서 경제 대공황이 일어나 주가가 대폭락했습니다. 그때까지 주식을 가지고 있던 사람들은 예외 없이 파산하거나 큰 손해를 입었습니다. 하지만 조지프 케네디는 기적처럼 손해를 입지 않았습니다.

권력을 탐한 조지프 케네디

밀주와 주가조작으로 엄청난 재산을 축적한 조지프 케네디는 권력을 탐내기 시작했습니다. 미국은 영국의 청교도가 자유와 평등을 찾아 떠나와서 세운 나라이지만, 아일랜드 사람들에게까지 자유와 평등이 적용되지는 않았습니다. 미국의 주류를 이루는 청교도는 개신교를 믿는 영국인을 의미했기 때문에 가톨릭을 믿는 아일랜드인은 이방인에 지나지 않았습니다. 더구나 영국인은 오랫동안 식민지 국민이었던 아일랜드 사람들을 인간 이하로 취급하며 철저히 무시했습니다.

미국은 아일랜드인뿐 아니라 유럽 각지에서 건너온 이민자로 넘쳤습니다. 하지만 주류 세력인 청교도인은 유독 아일랜드 사람만큼은 백인임에도 흑인 노예와 다를 바 없이 취급했습니다. 조지프 케네디역시 재산이 아무리 많아도 여전히 무시를 당하곤 했습니다. 그는 부와 권력을 모두 거머쥐면 누구도 우습게 볼 수 없을 것이라고 생각하고, 권력을 차지할 방법을 찾아나섰습니다.

1932년 조지프 케네디는 대통령 선거에 나선 민주당 후보 프랭클린 루스벨트에게 거액의 선거 자금을 제공하며 환심을 샀습니다. 마침내 프랭클린 루스벨트가 미국 제32대 대통령에 당선되자 조지프케네디는 공을 인정받아 주영 대사 자리에 올랐습니다. 주영 대사가된 것은 더할 나위 없는 가문의 영광이었습니다. 그는 아일랜드 사람을 인간 취급도 하지 않던 영국에 세계 최강국 미국을 대표하는 대사로 부임하면서 그동안 영국인에게 느꼈던 열등감을 어느 정도 해소할수 있었습니다. 하지만 영국 정부는 조지프 케네디를 천박한 아일랜드인으로 여겨 비협조적인 태도로 일관하며 중요한 정보를 주지 않았습니다.

1930년대는 독일의 정치가 아돌프 히틀러를 중심으로 전체주의가점차 득세하며 전쟁의 기운이 고조되고 있었지만, 조지프 케네디는이러한 시대적 흐름조차 읽지 못해 외교관으로서 무능함을 보였습니다. 결국 자신의 임무를 제대로 수행하지 못한 그는 스스로 주영 미국대사직을 사임하고 본국으로 돌아왔습니다.

1934년 프랭클린 루스벨트는 조지프 케네디에게 초대 증권거래위원회 위원장 자리를 맡기며 계속 공직에 머물 수 있게 도와주었습니다. 증권거래위원회란 주가조작 행위를 근절하는 역할을 주 임무로 하는 기관으로 위원장에게는 청렴성이 요구되었습니다. 사실 조지프 케네디는 주가조작으로 폭리를 취한 사람으로 위원장의 자리에 오를 만한 인물이 아니었습니다.

많은 사람이 프랭클린 루스벨트에게 조지프 케네디를 증권거래위원회 위원장으로 앉히는 것은 '고양이에게 생선을 맡기는 것'이라면서 강력히 반대했지만 대통령은 임명을 강행했습니다.

우려와 달리 조지프 케네디는 증권거래위원회 위원장으로서의 임무를 훌륭히 수행했습니다. 그는 주가조작에 관한 모든 방법에 통달했기에 주가조작 세력을 색출하는 데 탁월한 능력을 발휘했습니다. 그러나 그는 증권거래위원회 위원장 외 다른 관직으로는 진출할 수 없었습니다. 그동안 주가조작, 밀주 거래 등 너무나 많은 불법행위를 통해 막대한 돈을 긁어모았기 때문에 국회의원·대통령 등 국민의 선택을 받아야 하는 선출직 공무원으로는 나갈 엄두조차 낼 수 없었던 것입니다.

차별적인 자녀 교육

지난날 과오로 정치권력의 정점에 오를 수 없게 된 조지프 케네디는 자식들이 자신의 꿈을 대신 이뤄주기를 바랐습니다. 슬하에 4남 5

조지프 케네디 가족

녀를 둔 그는 자식들에게 "세상은 1등 외에는 의미가 없다. 언제나 최고가 되어야 한다"라고 끊임없이 말하며 1등만을 강요했습니다. 학교에서 1등을 하지 못하면 밥도 주지 않았습니다.

하버드대학교 출신인 조지프 케네디는 어쨌든 자녀 교육에 일가견이 있어, 장녀인 로즈마리 케네디를 제외한 다른 아이들은 모두 학업에 두각을 나타냈습니다. 아들 네 명은 전부 하버드대학교에 진학해주위의 부러움을 샀습니다. 조지프 케네디는 사회를 보는 시각과 정치 감각을 기른다는 이유로, 자녀들에게 어릴 적부터 다양한 종류의 신문과 잡지를 읽도록 했습니다. 또 매일 중요한 논점을 선정해 저녁 식사 시간 전 토론하도록 했는데, 이로 인해 케네디가의 아이들은 세상을 보는 안목과 남을 설득할 수 있는 능력을 남들보다 조금 더 빨리 익히게 되었습니다.

1941년 12월 일본의 하와이 진주만 공습을 계기로 미국이 제2차 세계대전에 참전하게 되자, 조지프 케네디는 자식들에게 입대하기를 권했습니다. 미국은 사회지도층 인사의 자녀들이 군에 입대해 국가를 위해 전쟁에 앞장서는 것을 가문의 영광으로 여겼습니다.

큰아들 조지프 케네디 주니어Joseph Kennedy Jr.는 하버드대학교 로스쿨에 다니고 있었고 건강해서 별다른 어려움 없이 군대에 입대했습니다. 둘째 아들 존 F. 케네디John F. Kennedy는 허리에 문제가 있어 군에 입대할 수 없었습니다. 그러나 조지프 케네디는 정치적 수완을 발휘해 둘째 아들도 군에 입대시켰습니다. 큰아들은 유럽 전선에 배치되어 폭격기 조종사가 되었고, 작은아들은 해군 장교가 되어 소형 어뢰정을 지휘하는 임무를 맡았습니다.

큰아들 조지프 케네디 주니어는 동맹국 영국에 있던 미군 기지에서 폭격기를 이륙시켜 독일군 기지를 공습하는 위험천만한 임무를 수행하며 많은 전공을 세웠습니다. 그는 의무 복무 기한을 모두 마쳤지만 제대하는 대신 동료들과 전쟁이 끝날 때까지 생사고락을 함께하기로 하고 전쟁터를 떠나지 않았습니다.

1944년 8월 12일 조지프 케네디 주니어는 '아프로디테'라

해군 장교 시절의 존 F. 케네디

연합국을 공포에 몰아넣은
V-2 로켓

는 작전에 참여하며 짧은 일생의 마침표를 찍었습니다. 아프로디테란 독일이 개발한 최첨단 로켓 기지를 폭격하는 작전으로 10톤가량의 폭탄을 독일군 기지에 떨어뜨리는 것이었습니다. 독일군은 V2 로켓 발사 기지를 연합군 공격을 위한 최후의 보루로 여겼기 때문에 미군의 폭격에 만반의 대비를 하고 있었습니다. 당시 독일군 로켓 기지를 공격하는 일은 자살행위나 다를 바 없었습니다.

조지프 케네디 주니어는 가장 위험한 임무에 자원해 10톤가량의 폭탄을 실은 폭격기를 몰고 영국에서 도버해협을 건너야 했습니다. 하지만 도중에 폭탄이 터져 공중에서 산화하고 말았습니다. 폭발이 너무 강력했기 때문에 시신은 흔적도 찾을 수 없었습니다. 조지프 케네디는 큰아들을 대통령으로 만들고 싶어서 군대를 강요했지만 그 아들은 끝내 집으로 돌아오지 못했습니다.

둘째 아들 존 F. 케네디에게는 다행히 행운이 따랐습니다. 1943년 자신이 탄 어뢰정이 일본 구축함의 공격을 받고 침몰하자, 중상을 입었음에도 케네디는 목숨을 걸고 동승했던 부하들을 구해냈습니다. 이 사건이 언론에 대서특필되었고, 존 F. 케네디는 순식간에 전쟁 영웅으로 떠올랐습니다.

조지프 케네디는 큰아들을 대신해 둘째 아들을 대통령으로 키우기로 마음먹었습니다. 존 F. 케네디는 아버지의 전폭적인 선거 자금 지원 아래 1946년 29살의 나이에 연방 하원 의원에 당선되었습니다. 그 뒤 1952년 35살의 나이에 미국 역사상 최연소 연방 상원 의원에 당선되면서 아버지의 기대는 한층 높아졌습니다.

비운의 로즈마리 케네디

1918년에 태어난 로즈마리 케네디는 존 F. 케네디의 한 살 어린 여동생이자, 집안의 장녀였습니다. 그녀는 출생 과정에서 문제가 생겨 지능지수$_{IQ}$가 75정도밖에 되지 않았습니다. 부모는 딸의 지능이 낮은 줄도 모르고 다른 아들딸처럼 신문과 잡지를 읽도록 했지만 로즈마리는 내용을 파악하지 못했습니다. 화가 난 조지프 케네디는 딸을 윽박질렀지만 로즈마리는 그

로즈마리 케네디

럴수록 더욱 위축되어 갔습니다.

시간이 흐르자 로즈마리는 동생들보다도 뒤쳐졌습니다. 조지프 케네디는 로즈마리가 가문의 오점이 될 것을 우려해 그녀를 학교에 보내지 않았습니다. 또한 자녀들에게 로즈마리의 존재를 외부로 발설하지 말라고 신신당부하면서 그녀를 숨기기에 바빴습니다.

로즈마리가 23세 때 의사들이 조지프 케네디에게 한 가지 솔깃한 제안을 했습니다. 로즈마리의 전두엽을 제거하면 지능이 정상으로 돌아올 수 있다며 외과 수술을 권한 것입니다. 그러나 전두엽 제거 수술은 의학적으로 전혀 검증되지 않은 치료법으로 말도 안 되는 주장이었습니다. 로즈마리를 가문의 수치로 생각한 조지프 케네디는 딸의 의견을 묻지도 않고 수술을 강행했고 로즈마리는 그나마 가지고 있던 지능과 언어능력을 모두 상실하고 말았습니다. 그녀는 하루 종일 벽을 보고 앉아 아기처럼 알 수 없는 소리로 옹알거리며 지냈습니다.

1946년 존 F. 케네디가 하원 의원에 당선되자, 그의 아버지는 로즈마리를 정리해야 할 필요성을 느꼈습니다. 당시에는 지적장애인이 집안에 있는 걸 가문의 수치로 여겼기 때문에, 아들을 대통령으로 만드는 걸 일생의 과업으로 생각한 조지프 케네디에게 로즈마리는 제거 대상일 뿐이었습니다.

1949년 조지프 케네디는 케네디 가문이라는 것을 숨기려고 이름까지 바꾸어 로즈마리를 집과 멀리 떨어진 위스콘신주의 한 정신병원으로 보내버렸습니다. 갓난아기의 상태였던 로즈마리는 부모와 떨어지자 극도의 공포심을 느껴 하루 종일 울다가 그치기를 반복했지만, 그녀의 부모는 비정하게도 죽는 날까지 단 한 번도 다시 딸을 찾지 않았습니다.

아버지의 명령으로 존 F. 케네디를 비롯한 모든 형제자매는 로즈마리를 끝내 버려두고 마치 처음부터 없던 사람처럼 여겼습니다. 로즈마리는 정신병원 독방에 갇혀 있다가 2005년 1월 쓸쓸히 세상을 떠났습니다. 그녀가 죽은 후에야 매정하기 그지없던 조지프 케네디의 만행이 세상에 알려졌고, 케네디 가문은 마지못해 로즈마리를 가문의 일원으로 인정했습니다.

조지프 케네디는 아들을 통해 권력을 잡기 위해서 상대방 후보를 돈으로 매수하고 막대한 선거 자금까지 아낌없이 쏟아부었지만, 정작 도움이 필요한 딸에게는 모진 짓을 서슴지 않은 비양심적인 아버지였습니다.

제35대 대통령 당선

존 F. 케네디는 1960년 끝자락에 치러진 제35대 대통령 선거에 민주당 후보로 출사표를 던졌습니다. 아버지의 전폭적인 도움으로 민주당 대선 후보가 되었지만 대통령이 되는 길은 험난했습니다. 공화당의 리처드 닉슨Richard Nixon이 케네디와는 비교가 되지 않을 정도로 경쟁력을 갖춘 대선 후보였기 때문입니다.

민주당 후보로 대선에 나선
케네디

닉슨은 1953년 이후 8년 동안 아이젠하워 행정부에서 부통령직을 역임하면서 충분한 실무 경험을 쌓았습니다. 그는 '일중독자'라고 불릴 정도로 매사 맡은 바 최선을 다해 국민에게 성실한 이미지로 각인되었습니다. 게다가 현직 부통령으로서 인지도도 높아 그를 모르는 미국인이 없을 정도였습니다. 이에 반해 케네디는 100명의 상원 의원 중 한 명에 지나지 않았습니다.

케네디는 닉슨과 달리 성실한 편이 아니었습니다. 근무시간 이후에도 밤늦게까지 사무실에 남아 임무를 완수하던 닉슨과 달리 케네디는 하루가 멀다 하고 술집을 들락거리며 음주가무를 즐겼습니다. 이로 인해 상원 의원 시절 정치인으로서 케네디는 내세울 만한 별다른 업적이 없었습니다.

뒤처진 지지율을 만회할 반전의 계기가 필요했던 케네디는 닉슨에게 TV 토론회를 제안했습니다. 1930년대부터 보급되기 시작한 텔레비전은 제2차 세계대전 이후 중산층 가정을 중심으로 빠르게 사용자가 확산되었고, 여론 형성에 점차 중요한 역할을 하게 되었습니다. 케네디는 이런 분위기를 재빠르게 포착하고 닉슨에게 TV 토론회를 제안한 것입니다. 닉슨은 부통령으로 있으면서 많은 행정 경험을 쌓았기 때문에 토론회를 마다할 이유가 없었습니다. 그는 TV 토론회를 통해 케네디의 미숙함을 드러내려고 단단히 벼르고 있었습니다.

1960년 9월 미국 역사상 최초로 TV 토론회가 개최되었습니다. 닉슨은 토론회를 앞두고 무릎 수술에다 식중독까지 겹쳐 건강 상태가 최악이었습니다. 이로 인해 잠도 제대로 못 잔 상태에서 토론회를 준비했습니다.

반면 케네디는 국민에게 건강한 모습으로 보이려고 일광욕으로 강렬한 인상을 주는 거무스름한 피부를 만들었습니다. 토론이 시작되기에 앞서서는 스튜디오 배경과 조화를 이루는 젊은 이미지의 의상을 골랐습니다. 파란 셔츠에 빨간 넥타이를 매고 화장으로 이마의 주름

최초의 TV 토론

살을 감춰서 한껏 젊고 건강한 이미지를 풍겼습니다.

닉슨은 스튜디오 배경과 어울리지 않는 회색 양복에다가 화장기 없는 얼굴로 이마에 깊게 팬 주름살이 그대로 드러났습니다. 게다가 닉슨의 굵은 수염 자국은 다소 험악한 인상마저 주었습니다.

토론이 시작되자 닉슨은 무릎 통증 때문에 얼굴을 찡그렸고 무대 위를 제대로 걷지도 못했습니다. 이에 반해 케네디는 느긋한 표정으로 얼굴에 웃음을 띤 채 자신의 주장을 펼쳐나갔습니다. TV 토론회를 벌이는 내내 닉슨은 긴장한 모습이 역력했고 힘들게 토론에 임했지만, 케네디는 시종일관 여유로운 자세로 분위기를 이끌어갔습니다.

TV 토론회가 케네디의 완승으로 막을 내리면서 지지율이 역전되는 기적 같은 일이 벌어졌습니다. 전체 미국인 1억 7,900만 명 가운데 6,600만 명이나 지켜본 TV 토론회 덕분에 케네디는 무명의 상원

국민의 열렬한 환영을 받는 케네디

대통령 취임식장의 케네디

의원에서 일약 전국적인 스타 정치인이 되었습니다. 미국 유권자들은 젊고 참신한 케네디가 어둡고 힘없어 보이는 닉슨보다는 훨씬 미국을 잘 이끌어갈 것이라고 믿기 시작했습니다.

닉슨은 건강상의 이유로 1차 TV 토론회에서는 국민에게 밝은 인상을 주지 못했지만, 이후 세 차례나 더 진행된 TV 토론회에서 특유의 논리력과 해박한 지식을 바탕으로 케네디를 몰아붙였습니다. 그러나 1차 토론회의 좋지 않은 이미지가 유권자들에게 너무 깊게 각인되어 전세를 뒤집지는 못했습니다.

1960년 대선에서 케네디는 49.72퍼센트의 지지율을 얻어 49.55퍼센트를 얻은 닉슨을 간발의 차이로 앞서며 미국 역사상 최연소 대통령 당선자*가 되었습니다. 그의 나이 43세였습니다.

---

* 미국의 최연소 대통령은 43세에 대통령이 된 시어도어 루스벨트지만, 그는 전임 대통령이 임기 중에 사망해 대통령직을 승계한 것이기 때문에 최연소 당선 대통령은 존 F. 케네디이다.

뉴프런티어 정책

케네디는 미국이 나아가야 할 방향을 제시한 몇 안 되는 대통령으로, 개혁 정책인 뉴프런티어New Frontie Frontier*정책을 통해 새로운 미국을 건설하려고 했습니다. 그는 1961년 1월 대통령 취임식에서 뉴프런티어 정책의 세 가지 목표를 구체적으로 제시했습니다.

첫 번째 목표는 우주 개척이었습니다. 서부 개척 시대가 마무리된 이후 더 이상 나갈 곳이 없는 미국에 우주개발이라는 새로운 도전 목표를 제시했습니다. 케네디는 1960년대가 끝나기 전, 달에 인간을 보내겠다는 약속을 하며 우주개발에 국력을 집중하겠다고 말했습니다.

두 번째 목표는 평등한 사회 건설이었습니다. 당시 미국은 백인과 부유층의 천국이었지만, 유색인종과 가난한 사람들의 삶은 녹록지 않았습니다. 따라서 미국 사회에 만연한 인종차별과 소득 불평등 문제를 해결하겠다는 의지를 보이며 평등한 미국을 건설하겠다고 다짐했습니다.

한 국가의 지도자로서 국가가 당면한 문제에 해결책을 제시하지 못하는 사람은 무능한 리더이고, 적절한 해결책을 내세울 수 있는 사람은 능력 있는 리더입니다. 직면한 문제를 해결하는 단계를 넘어 국가가 나아가야 할 미래지향적인 전망을 제시할 수 있는 사람은 역사에 남는 위대한 리더가 됩니다. 케네디 대통령은 국민들에게 위대한 리더가 될 수 있는 자질을 보여주었습니다.

---

* 존 F.케네디가 1960년 내세운 정치 표어로, 개척자(프런티어) 정신으로 미국이 마주할 어려움을 헤쳐나가자는 의미를 담고 있다.

케네디는 국가가 당면한 모든 문제를 타개하기 위해서는 건국 초의 개척 정신 같은 국민의 희생정신이 필요하다고 강조했습니다. 그는 국민을 향해 '조국이 나에게 무엇을 해줄 것인지 묻지 말고, 내가 조국을 위해 무엇을 할 수 있는지 물어라'라는 대담한 주문을 했습니다. 미국의 개척자 정신에 새로운 의미를 부여해 빈부 격차 해소·인종차별 폐지·복지사회 구현·경제성장을 이루고자 한 것입니다.

대개의 경우 정치인은 국민에게 잘 보이려고 취임식에서 온갖 감언이설을 늘어놓으며 모든 것을 해줄 것처럼 국민을 현혹하지만 케네디는 달랐습니다. 국민이 수동적인 자세로 정부의 도움을 바라거나 기대하는 사람이 되기보다는 능동적으로 운명을 개척해 가는 사람이 되기를 요구했습니다. 그는 자신이 제시한 뉴프런티어 정책이 언제 완성될지 알 수 없지만 일단 시작해보자면서 국민의 동참을 호소해, 대통령 취임 연설을 지켜본 국민에게 신선한 충격을 주었습니다.

평화봉사단 설립

뉴프런티어의 세 번째 목표는 평화로운 세상을 만드는 일이었습니다. 이를 위해 케네디는 미국 젊은이들에게 새로운 임무를 부여하고자 했습니다. 그는 대선 후보 시절부터 젊은이들에게 인생의 2년 정도를 가난한 나라에서 세계 평화를 위해 봉사하도록 권장했습니다.

케네디는 집권하자마자 정부가 후원하는 평화봉사단Peace Corps을 설립해 봉사를 위해 미국 젊은이들을 가난한 나라에 보내는 일에 앞장

평화봉사단이
활동하는 모습

섰습니다. 막강한 군사력보다 '선량한 미국'이라는 국가 이미지가 더 강력한 영향력을 발휘할 수 있을 것이라는 판단 아래, 능력 있는 수많은 젊은이를 해외로 보내려고 했습니다. 평화봉사단이 발족하자 똑똑하고 의협심 있는 청년이 대거 지원해 아시아, 아프리카, 남미 등 빈곤국으로 건너가 자원봉사에 나섰습니다.

젊은 의사들은 병원이 없는 낙후된 지역으로 들어가 현지인에게 따뜻한 의술을 펼쳤고, 농대 출신 젊은이들은 농촌에서 선진 농업기술을 전수해주었습니다. 음악을 전공한 사람들은 악기 사용법을 가르쳐주었으며, 화가들은 그림 그리는 방법을 가르쳐 주었습니다. 미국 젊은이들은 각자가 가진 재능을 빈곤국 사람들에게 아낌없이 나누어주었습니다.

시간이 흐를수록 긍정적인 효과가 나타나기 시작했습니다. 미국 젊은이들의 도움을 받은 빈곤국 국민이 미국에 대해 호감을 갖게 되면서 미국 정부는 큰돈을 들이지도 않고도 국위 선양을 했습니다. 또한 봉사에 참여한 젊은이들이 해당 국가에 대한 많은 정보를 제공해주어

올바른 대외 정책을 세우는 데 적지 않은 도움을 주었습니다.

평화봉사단에 참여한 능력 있는 청년 가운데 상당수가 외교관이 되어 국가를 위해 활약하고 있습니다. 1961년 평화봉사단이 탄생한 이후 현재까지 20만 명이 넘는 청년들이 139개국에서 활약했으며, 현재도 지원자가 몰리고 있습니다. 오늘날에도 평화봉사단은 국제적 감각을 지닌 엘리트의 산실로 이는 케네디가 남긴 훌륭한 유산입니다.

우주개발의 꿈

1950년대 이후 소련은 미국보다 전체적인 국력은 약했지만 기초과학 분야에서 미국을 능가했습니다. 소련은 수준 높은 기초과학 교육을 실시하고, 수학과 과학 인재를 정책적으로 육성해 우주과학과 국방 분야를 집중적으로 발전시켰습니다. 기초과학에 집중 투자한 소련은 시간이 갈수록 미국보다 앞서나가며, 우주 시대 개막이라는 성과를 보여주었습니다.

1957년 소련은 최초의 인공위성 스푸트니크sputnik호 발사에 성공하며 전 세계를 깜짝 놀라게 했습니다. 4년 후인 1961년에는 우주비행사 유리 가가린Yurii Gagarin이 사상 최초로 우주 비행에 성

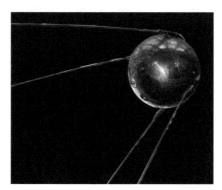

최초의 인공위성 스푸트니크호

공함으로써 우주 경쟁에서 소련의 확고한 우위를 보여주었습니다.

제2차 세계대전 이후 미국과 소련이 양편으로 나뉘어 국제정치를 주도하면서, 케네디 재임 기간 역시 자본주의와 사회주의는 여전히 강력하게 대립 중이었고 냉전의 시대였습니다.

소련의 도약에 큰 충격을 받은 케네디는 우주 분야에서 소련을 앞지르기 위해 학교교육 과정에서 수학과 과학에 대한 비중을 대폭 높였습니다. 단순 암기 위주의 기초과학 교육이 실험과 연구 위주로 바뀌면서 미국 학생들의 실력이 향상되기 시작했습니다.

케네디가 국력을 총동원해 우주산업을 육성한 결과, 1969년 미국은 아폴로 11호를 달에 보낼 수 있었습니다. 우주선을 달로 보내려면 튼튼한 기초과학 기반과 첨단 신소재 등 기존에 존재하지 않던 새로운 기술이 필요했습니다. 우주선 개발 과정에서 다양한 분야의 신기

아폴로 프로젝트

술이 개발되었고, 미국은 케네디 덕분에 과학기술 경쟁에서 다시 주도권을 잡았습니다.

니키타 흐루쇼프

1963년 9월 케네디는 유엔총회 연설에서 소련을 향해 공동 달 탐사를 제안했습니다. 케네디는 니키타 흐루쇼프Nikita Khrushchyov 공산당 서기장에게 이렇게 말했습니다.

"인간의 달 탐사가 국가 간 경쟁 대상이 될 필요는 전혀 없습니다. 첨예한 주권 문제도 없습니다. 우주는 인류를 위한 새로운 협력의 공간입니다."

케네디는 우주개발에 소련과 협력하기를 원했습니다. 그러나 그가 두 달 뒤에 테러범에 의해 암살되면서 미·소 간 우주 협력 시대는 끝내 열리지 못했습니다.

1969년 7월 우주선 아폴로 11호의 선장 닐 암스트롱Neil Armstrong이 최초로 달에 발을 내딛었습니다. 그는 그동안의 치열한 우주개발 경쟁에서 사고로 목숨을 잃은 모든 우주비행사를 기리는 견장*을 달에 남기면서 보는 사람들에게 잔잔한 감동을 전해주었습니다.

---

* 제복이나 군복의 어깨에 달아서 직위를 나타내는 장식.

니키타 흐루쇼프

닐 암스트롱은 전 세계 사람들이 생중계로 지켜보는 가운데 달 표면을 유유히 걸어 다니다가 지구로 돌아오기 직전에 "인류의 평화를 위해 여기에 왔다"라는 명패를 남겼습니다. 이로써 인류를 위한 우주개발이라는 케네디의 꿈이 비로소 작은 결실을 맺을 수 있었습니다.

인종차별 철폐 노력

1865년 남북전쟁이 북군의 승리로 끝나면서 미국의 흑인에게 백인과 같은 동등한 참정권이 주어졌지만, 남부 지역 흑인은 여러 가지 제약으로 참정권을 행사하지 못하는 경우가 많았습니다. 직장을 잡을 때도 흑인은 차별당하기 일쑤였습니다.

미국을 대표하는 연방 대통령으로서 케네디는 남부 각 주의 주지사에게 흑인을 백인과 동등하게 대우해줄 것을 요구했습니다. 그는 사상 최초로 흑인을 연방 법원 판사로 임명하며 흑인에게도 기회를 주려고 노력했습니다. 흑인이 대중교통을 이용할 때 극심한 차별을 받는 사실을 부당하게 여겨 이를 금지했고, 흑인이 인종차별 폐지를 부르짖는 시위를 할 경우 연방군을 보내 보호해주었습니다.

케네디의 노력에도 그가 죽기 전까지 흑인에 대한 인종차별은 완전히 사라지지 않았습니다. 미국은 50개 주가 모여 하나의 국가를 이룬 연방제 국가입니다. 각 주는 하나의 독립국가나 다름없을 정도로 자치권을 누렸기 때문에, 연방 대통령이 할 수 있는 역할에는 제한이 있었습니다. 그러나 케네디는 최선을 다해 흑인의 인권을 지켜주려고 노력했습니다. 이는 오늘날 미국의 유색인종들이 케네디가 속한 민주당을 열렬히 지지하는 원동력이 되었습니다.

피그만 침공 사건

1898년에 일어난 미국과 스페인 전쟁 이후 쿠바는 미국의 영향력 아래 있었습니다. 미국은 플로리다에서 145킬로미터 정도 떨어져 있는 가까운 나라 쿠바를 카리브해의 거점으로 중시했습니다.

토양이 비옥한 쿠바는 온갖 종류의 작물이 잘 자랐지만 옥토 대부분이 미국 자본가들의 차지였습니다. 미국 자본가의 농장에서 생산된 사탕수수는 설탕으로 만들어져 전 세계로 수출되었습니다. 이로 인해 미국인은 큰돈을 벌었습니다.

1959년 피델 카스트로Fidel Castro가 쿠바에서 바티스타Batista 친미 정권을 몰아내고 공산주의 혁명에 성공하자, 쿠바와 미국의 관계는 악화일로를 걷게 되었습니다.

피델 카스트로

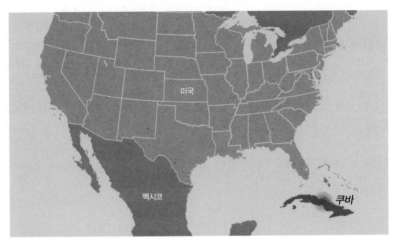

쿠바의 위치

미국 보수층은 공산주의 쿠바를 도저히 받아들일 수 없었습니다. 쿠바를 그대로 놔둘 경우 인근 국가에까지 공산화 물결이 일어날 것을 우려한 미국의 대표적인 보수집단인 군부와 CIA(미국 중앙정보국)는 케네디 대통령에게 쿠바 침공을 요구했습니다. 이에 공감한 케네디는 CIA에 쿠바를 무력으로 점령하는 일을 일임했습니다.

CIA는 미군을 직접 동원할 경우 국제적인 비난이 일어날 것을 우려해 미국에 살고 있던 쿠바 난민을 활용하기로 했습니다. CIA는 1,400명이 넘는 쿠바 난민을 대상으로 전투 훈련을 시켰지만, 비밀을 유지하지 못하는 치명적인 실수를 저질렀습니다. 미국의 유력 일간지 〈뉴욕타임스〉를 통해 미국 정부의 쿠바 침공 계획이 백일하에 드러났을 정도로 비밀 작전에 대한 보안 유지가 이루어지지 않았습니다.

미국 언론을 통해 미국의 침공 계획을 알게 된 카스트로는 이 사건을 자신의 권력을 강화할 수 있는 절호의 기회로 여겼습니다. 평소 쿠바인이 두려워하는 미국의 무력 침공을 물리칠 수만 있다면 쿠바 안에서 카스트로 자신의 권위에 도전할 수 있는 세력은 앞으로 생겨나지 않으리라는 판단이었습니다.

1961년 4월 15일 쿠바 난민 출신 조종사들이 몰고 온 미국제 폭격기가 쿠바 공군 기지를 선제 공격했지만 효과는 거의 없었습니다. 쿠바 출신 조종사들은 미군 조종사와 달리 작전 능력이 형편없었습니다. 눈에 보이는 적군의 전투기조차도 파괴하지 못했습니다.

이미 상륙작전 계획이 알려진 데다가 공중 폭격의 실패로 인해 쿠바군에 전혀 타격을 주지 못한 상태에서 더 이상의 작전은 무리였지만, CIA는 작전을 중단하지 않는 실책을 저질렀습니다. 쿠바 난민으로 구성된 반군은 친미 국가 니카라과에서 여러 척의 수송선에 나누어 타고 4월 17일 새벽 쿠바의 남쪽 해안에 위치한 피그만The Bay of Pigs에 상륙했습니다.

카스트로는 몸소 대군을 이끌고 나가 쿠바 반군의 침략에 맞서 싸워 불과 48시간 만에 미국이 보낸 반란군을 제압했습니다. 100여 명이 넘는 쿠바 반군이 사살되었고, 나머지는 모두 포로가 되어 미국은 국제적인 망신을 당했습니다.

미국 정부는 이른바 '피그만 침공' 사건이 미국 정부와 무관한 쿠바 난민의 자발적인 행동이었다고 발뺌했지만 이를 곧이곧대로 믿는 사람은 거의 없었습니다.

케네디는 사건을 해결하려고 변호사 제임스 도너번James Donovan을 은

쿠반 반군에 맞서는 카스트로

밀히 쿠바로 보냈습니다. 제임스 도너번은 1960년 소련 상공에서 격추된 U-2 정찰기 조종사를 소련 정부와 협상을 통해 2년여 만에 무사히 구출해온 사람으로서, 이번에는 쿠바 반군 포로를 구해오는 임무를 맡게 되었습니다.

　도너번은 쿠바 정부와 긴 협상을 통해 쿠바 공격 이듬해인 1962년 말 1,113명의 포로를 미국으로 데려오는 데 성공했습니다. 미국 정부는 포로를 송환하는 대가로 5,300만 달러어치의 의약품을 쿠바에 바쳐야 했습니다. 피그만 사건은 미국 역사상 치욕적인 군사작전 중 하나로 남게 되었고, 케네디의 명성에 큰 상처를 입혔습니다.

보수파와의 갈등

피그만 사건 이후 카스트로는 제대로 잠을 이룰 수 없을 정도로 불안했습니다. 지난번에는 쿠바 반군을 쉽사리 제압했지만 초강대국 미국이 직접 쳐들어온다면 도저히 감당할 수 없었기 때문입니다. 그는 정권 유지를 위해 미국과 날카로운 대치를 벌이던 소련을 끌어들였습니다.

1962년 9월 카스트로는 니키타 흐루쇼프 소련 공산당 서기장에게 미국을 초토화할 수 있는 소련제 핵미사일을 쿠바에 배치해 달라고 요청했습니다. 소련은 쿠바에서 핵미사일을 발사할 경우 불과 5분 만에 미국을 초토화할 수 있다는 점에 착안해 쿠바에 핵미사일 기지를 건설하기로 결정했습니다. 맨 처음 핵미사일 기지 운영권을 자신에게 넘길 것을 강력히 요청했지만, 흐루쇼프는 카스트로를 믿지 않았습니다. 소련은 정서가 불안정하고 변덕스러운 카스트로에게 기지 운영권을 주는 것이 우려스러워 직접 운영하기로 했습니다.

U-2 정찰기

소련은 미국을 자극하지 않기 위해 은밀히 핵미사일 기지 건설을 추진했지만 머지않아 꼬리가 잡히고 말았습니다. 미국은 당시 최첨단 정찰기였던 U-2기를 띄워 쿠바를 손바닥 보듯이 훤히 들여다보고 있었습니다. 1962년 10월 14일 미국은 U-2 정찰기가 촬영해 온 사진을 통해 쿠바에 소련군 기지가 건설되고 있는 것을 확인하고 즉시 소련 측에 기지 건설을 중단할 것을 요구했습니다.

10월 22일 케네디 대통령은 미국 전역에 생중계된 방송을 통해 소련이 쿠바에 핵미사일 기지를 건설하고 있다는 사실을 국민에게 알렸습니다.

소련이 핵미사일 기지 건설로 미국의 코앞에서 직접적인 위협을 가하자, 군부와 CIA는 쿠바에 대한 선제 핵 공격을 요구했습니다. 보수파가 대통령을 거세게 몰아붙여, 케네디의 입장은 난처하기 그지없었습니다. 피그만 침공 실패 이후 미국 보수파는 대통령에게, 미군을 동원해서라도 쿠바의 카스트로 정권을 무너뜨려야 한다고 강력히 주장했습니다.

케네디의 생각은 이와 달랐습니다. 쿠바에 대한 선제적인 핵 공격은 소련의 핵 보복을 불러올 것이고, 그렇게 되면 인류 모두가 멸망의 나락으로 떨어질 수밖에 없다고 생각한 케네디는 협상의 끈을 놓지 않으려고 했습니다.

흐루쇼프가 겉으로는 미국을 강하게 밀어붙였지만 케네디에 대해서는 상당한 호감을 가지고 있었습니다. 그는 철권을 휘두른 소련의 독재자 스탈린과 달리 지극히 합리적인 사람이었기 때문에 케네디와 협상하는 데 적극적으로 나섰습니다. 몇 차례의 협상 끝에 흐루쇼프와 케네디는 힘을 합쳐 핵전쟁을 막는 일에 합의했습니다. 다만 핵미사일 기지 철수가 소련 국민에게 미국의 압력에 굴복한 것처럼 보이지 않기 위해 철수 명분을 만들어달라고 요구했습니다.

당시 미국은 소련과 국경을 접한 터키에 핵미사일 기지를 설치해 소련의 안보를 위협하고 있었습니다. 케네디는 소련 국민에게 터키에서 핵미사일 기지를 철수하고, 소련의 동맹국인 쿠바를 침공하지 않겠다는 약속을 했습니다. 얼마 후 소련군은 쿠바의 핵미사일 기지를 폐쇄했습니다.

사태가 무력 충돌 없이 원만히 해결되자 미국 국민은 케네디의 외교 능력을 높게 평가했습니다. 케네디는 국민에게 미국을 핵전쟁의

미국 정찰기에 잡힌
쿠바의 소련 미사일 기지

위험에서 구해낸 영웅이었지만, 보수파에게는 쿠바를 공격할 절호의 기회를 날리고 소련에 양보한 겁쟁이에 불과했습니다. 이 사건으로 인해 케네디에 대한 보수파의 불신은 한층 높아지게 되었습니다.

얼마 후 케네디와 보수파는 다시 한번 의견 충돌을 빚게 되었습니다. 케네디 대통령은 임기 시작과 함께 보수파의 요구를 받아들여 베트남전쟁에 발을 들여놓았습니다.

당시 베트남은 남북으로 갈라져 있었는데, 북베트남에는 공산주의 호치민 정권이 들어서서 호시탐탐 남베트남의 공산화를 노리고 있었습니다. 게다가 친미 국가 남베트남 내에서도 베트콩Viet Cong이라고 불리는 공산주의 군사 조직이 끊임없이 친미 정권을 공격하며 사회 혼란이 계속되었습니다. 케네디 대통령은 1963년 미군 1만 1,000여 명을 남베트남에 파병해 공산화를 막으려고 했으나, 남베트남에 평화는 찾아오지 않았습니다.

베트남전쟁

사실 케네디는 부정부패로 국민의 사랑을 받지 못하는 남베트남의 독재정권을 지원할 생각이 별로 없었습니다. 그러나 미국 보수파의 생각은 달랐습니다. 그들은 냉전이 시작된 뒤로 공산주의를 결코 함께할 수 없는 악의 세력으로 간주했습니다. 따라서 수단과 방법을 가리지 않고 공산주의 확산을 막으려고 했습니다. 이 과정에서 자국 국민의 미움을 받는 독재정권을 지원하기도 했습니다.

미국 보수파는 케네디에게 군대를 증파해서라도 남베트남의 공산화를 막아야 하며 필요할 경우 핵 공격을 감행해야 한다는 거친 주장을 쏟아냈습니다. 이에 케네디는 보수파의 요구를 매섭게 거절하며 "미국이 핵전쟁을 일으킨다면 인류를 생각하는 국가가 아니다"라고 반박했습니다.

이후 보수파는 호치민의 북베트남 군대의 전력을 실제보다 크게 부풀려 케네디에게 보고하면서까지 전쟁의 규모를 키우려고 했습니다. 그러나 케네디는 보수파의 말을 듣지 않았습니다. 오히려 1963년 10월 케네디는 미국 국민을 향해 1965년 말까지 미군을 남베트남에서 완전히 철수하겠다고 약속하며 보수파의 분노를 폭발시켰습니다.

불편한 관계가 된 이스라엘

미국으로 건너올 당시 유대인 대부분은 가난했지만 근면함과 탁월한 능력을 바탕으로 거의 모든 분야에서 두각을 나타냈습니다. 미국에 살고 있는 유대인의 영향력이 워낙 막강하다 보니, 미국 역대 대통령은 유대인의 눈치를 보지 않을 수 없었습니다. 미국 내 유대인은 주요 언론사와 대기업을 소유하며 실질적인 주인 노릇을 했습니다. 특히 주요 언론사를 장악하고 있는 유대인은 여론 형성을 주도하며 정치에 큰 영향을 미쳤습니다.

미국 정치인 누구라도 부와 권력을 쥐고 있는 유대인과 껄끄러운 관계가 된다면 정치 생명이 끝나는 것과 다름없었습니다. 따라서 역대 미국 대통령은 미국 내 유대인은 물론 그들의 모국인 이스라엘과도 좋은 관계를 유지하려고 애를 썼습니다.

1948년 유대인 국가 이스라엘은 건국 직후부터 핵무기 개발에 적극적이었습니다. 주변을 둘러싸고 있는 아랍 국가들에 비해 자원과 인구가 턱없이 부족한 이스라엘이 살아남기 위한 유일한 방법은 강력한 핵무기를 보유하는 것이었습니다. 따라서 이스라엘 건국의 아버지이자 초대 총리였던 다비드 벤구리온David Ben-Gurion은 핵 개발을 주도하며 핵무기 제조에 열을 올렸습니다.

이스라엘 총리 다비드 벤구리온

중동의 소국 이스라엘이 핵무기를 개발하기란 결코 만만한 일이 아니었습니다. 당시 핵무기 제조 기술을 가진 나라는 미국과 소련뿐이었는데, 이들 국가는 이스라엘에 핵무기와 관련된 기술을 제공할 생각이 없었습니다. 두 나라는 오히려 다른 나라가 핵무기를 개발하지 못하도록 핵 기술

유출 방지에 만전을 기했습니다.

미국으로부터 도움을 받을 수 없게 된 이스라엘은 미국에 버금가는 과학기술 강국인 프랑스와 손을 잡고 핵무기 개발에 나섰습니다. 당시 프랑스는 유대인 대학살이라는 유래를 찾아볼 수 없는 비극 끝에 나라를 세운 이스라엘에 상당히 호의적이었습니다. 1956년 이스라엘 총리는 프랑스를 몰래 방문해 프랑스 총리와 만나 공동 핵 개발에 합의했습니다. 이후 수많은 이스라엘 과학자가 극비리에 프랑스로 파견되어 핵무기를 연구했습니다. 1957년 이스라엘은 핵무기 제조용 원료인 플루토늄과 우라늄을 추출하기 위해 남부 고원의 네게브Negev 사막에 원자로를 비롯한 핵 개발 시설을 건설했습니다.

미국은 적대국인 공산국가뿐 아니라 우방국인 이스라엘도 철저히 감시했는데, 이 무렵 U-2 정찰기가 네게브 사막의 핵 시설 사진을 담아 왔습니다. 당시 미국 대통령 아이젠하워는 미국 내 유대인을 적으로 만들지 않기 위해 이스라엘의 핵 개발을 묵인했습니다. 미국에 살고 있는 유대인은 막대한 돈을 이스라엘 핵 개발에 지원하며 미국 정부의 심기를 건드렸습니다. 그러나 미국 정부는 이를 제재할 경우 일어날 파장을 우려해 모르는 척했습니다.

1960년 2월 프랑스와 이스라엘이 프랑스의 식민지 알제리에서 지하 핵실험에 성공함으로써 두 나라는 핵무기 보유국 반열에 올라섰습니다. 이스라엘은 운 좋게도 자국 내에서 핵실험을 한 번도 하지 않고

핵 개발이 진행된 이스라엘의 네게브 사막

핵무기를 보유한 나라가 되었습니다.

1961년 1월 아이젠하워 행정부로부터 정권을 넘겨받은 케네디 대통령은 핵 확산을 방지하기 위해 이스라엘을 견제하려고 했습니다. 같은 해 5월 이스라엘 총리가 미국 백악관을 방문하기 직전에 케네디는 조사관을 보내 이스라엘의 핵무기 개발 현황을 알아내려고 했습니다. 그런데 어찌된 영문인지 케네디의 명령을 받고 이스라엘로 건너간 조사관들은 이스라엘에 유리한 보고서를 올리며 사실을 제대로 전달하지 않았습니다.

미국을 방문한 이스라엘 총리는 네게브 사막에 건설한 원자로는 국내 전력난을 해결하기 위한 평화적인 목적의 원자력 발전소라면서 거짓말로 위기를 넘기려고 했습니다. 그러나 케네디가 이스라엘의 핵 개발에 민감한 반응을 보이며 제지하려고 하자, 이스라엘뿐 아니라 미국 내 유대인 역시 케네디에게 반감을 품었습니다.

암살자 오즈월드

1939년 10월 미국 남부 루이지애나주의 뉴올리언스에서 태어난 리하비 오즈월드Lee Harvey Oswald는 전형적인 백인 하류층으로서 불우한 성장 과정을 거쳤습니다. 부모의 학대와 무관심 속에 자란 그는 항상 분노가 가득했고 세상을 부정적으로 바라보았습니다.

고등학교 때까지 22번 이사하고 12번 전학했을 정도로 안정된 삶과는 거리가 멀었던 오즈월드는 고등학교를 중퇴한 후 해병대에 입대해 군인의 길을 걸었습니다. 그러나 성격이 비뚤어진 그를 좋아하는 사람은 거의 없었기 때문에 그는 어디를 가나 따돌림의 대상이 되었습니다.

미국 사회에 불만을 품은 오즈월드는 1959년 소련으로 망명해 미국인을 깜짝 놀라게 했습니다. 명예를 목숨만큼 중시하는 미국 해병대 출신이 악의 제국인 소련으로 망명한 사실 자체가 미국인에게는 큰 충격이었습니다. 그는 자신이 알고 있던 군사기밀을 소련 정부에 제공하면 영웅 대접을 받을 수 있

리 하비 오즈월드

으리라 기대했지만 현실은 예상과 달랐습니다.

소련은 오즈월드를 영웅 취급은커녕 홀대로 일관하며 한심한 배반자 취급을 했습니다. 이에 분노한 그는 1962년 소련 망명 생활을 접고 미국으로 돌아왔습니다. 미국으로 돌아오자마자 그는 CIA에 체포되어 신문을 받았습니다. 조국을 배신하고 적국인 소련을 위해 일한 오즈월드는 반역죄로 중형을 받아야 하는 처지였지만, CIA는 그에게 뜻밖의 제안을 했습니다. 처벌을 면하게 해주는 대가로 CIA가 원하는 모든 일을 하는 것이었습니다. 오즈월드 역시 처벌을 면하기 위해 제안을 받아들였습니다.

오즈월드는 곧 CIA의 끄나풀로 살아야 하는 자신의 처지를 비관하여 또다시 공산국가 쿠바로 망명하려고 했습니다. 1961년 케네디가 쿠바와의 단교를 선언했기 때문에 당시 미국에는 쿠바 대사관이 없었습니다. 그는 멕시코의 수도 멕시코시티에 있던 쿠바 대사관을 찾아가서 망명을 신청했지만 끝내 거절당했습니다. 백인 하층민 출신에다 별다른 기술도 없는 오즈월드는 쿠바 사회에 전혀 도움이 될 것 같지 않았기 때문입니다. 화가 치민 오즈월드는 쿠바 외교관을 향해 "내가 케네디 대통령을 암살한 후 다시 찾아오겠다"라는 의미심장한 말을 남기며 대사관을 훌쩍 떠났습니다.

세발의 총성

1963년 11월 케네디 대통령은 미국 남부의 텍사스주를 방문했습니다. 미국 국민의 전폭적인 지지를 받던 케네디를 보기 위해 어디를 가나 구름 같은 인파가 몰려들었습니다. 그는 마치 유명 연예인 같은 인기를 누렸습니다. 11월 22일 텍사스주 댈러스 공항에 내린 케네디 부부는 미리 준비된 차에 올라 시내 중심가까지 카퍼레이드에 나섰습니다.

케네디는 많은 사람이 자신의 모습을 볼 수 있도록 덮개가 없는 오픈카로 카퍼레이드를 벌였습니다. 오픈카가 지나가는 도로 주변에는 그를 보려고 20만 명이 넘는 사람이 길을 가득 메웠습니다. 케네디를 태운 차가 지나갈 때마다 시민들은 환호성을 지르며 반겼습니다. 엄청난 인파의 환호성에 케네디는 미소를 지으며 영부인 재클린^{Jacqueline} 여사와 연신 손을 흔들었습니다. 그는 중간에 차를 멈춰 세운 후 내려 시민들과 일일이 악수를 하며 감사를 표했습니다. 이는 예정에 없던 일로 대통령을 지켜야 하는 경호원들은 난감하기 그지없었습니다.

한편, 오즈월드는 한 달 전부터 댈러스 시내의 교과서 보관창고에서 일하면서 케네디 암살을 준비하고 있었습니다. 그는 케네디 방문 당일에는 이탈리아제 소총으로 무장한 채 대통령을 태운 차가 지나가기를 기다리고 있었습니다. 아침부터 교과서 보관창고 6층에서 케네디를 태운 차량을 기다렸다가 오후 12시 30분 케네디의 모습이 보이자 방아쇠를 당겼습니다.

첫 번째 총알은 빗나갔고 두 번째 총알은 케네디의 등을 관통한 후 앞좌석에 앉아 있던 텍사스 주지사까지 다치게 했습니다. 세 번째 총

케네디 암살

알은 케네디의 머리를 관통하며 치명적인 손상을 입혔습니다.

이를 지켜본 영부인 재클린은 충격을 받고 달리는 오픈카에서 뛰어내리려고 했습니다. 그러나 대통령 뒤에서 다른 차를 타고 따라가던 경호원들은 케네디를 구하기 위해 대통령이 탄 차에 오르려고 안간힘을 썼습니다. 이 장면은 TV를 통해 미국 전역에 생중계되었기 때문에 모든 미국인이 목격자나 다름없었습니다.

마지막 총성이 울린 후 오픈카는 불과 몇 분 만에 인근 병원에 도착했지만 케네디는 이미 숨을 거둔 상태였습니다. 세 번째 총알이 머리를 관통하는 순간 즉사했기 때문에 응급실 의사들이 할 수 있는 일은 없었습니다.

CIA는 케네디 저격 후 15분 만에 오즈월드를 범인으로 지목하고

대통령 전용기에서
취임 선서를 하는 린든 존슨

체포 작전에 돌입해 70분 만에 그를 체포했습니다. 그 사이 대통령 경호원들은 케네디의 시신이 든 관을 대통령 전용기에 실었습니다. 전용기에는 케네디와 함께 텍사스에 왔던 린든 존슨Lyndon Johnson 부통령이 미리 자리를 잡고 있었습니다. 존슨 부통령은 남편을 잃어 정신없던 재클린에게 대통령 전용기 안에서 이루어지는 자신의 대통령 취임식에 참석할 것을 강요했습니다.

강압에 못 이긴 재클린은 남편의 피가 묻은 옷을 갈아입지도 못한 채 미국 제36대 대통령 취임식에 참석했습니다. 미국 역사상 처음으로 비행기 안에서 대통령 취임식이 거행되었습니다. 이후 죽은 전직 대통령과 살아있는 현직 대통령이 같은 비행기를 타고 백악관이 있는 워싱턴 D.C.로 돌아오는 희한한 광경이 연출되었습니다.

미궁에 빠진 사건

1963년 11월 24일 케네디 암살범으로 몰린 오즈월드는 댈러스 경찰서 유치장에 갇혀 있다가 규정에 의해 교도소로 옮겨지게 되었습니다. 미국 언론은 오즈월드가 교도소로 이송되는 장면을 보도하기 위해 경찰서 앞에서 오래전부터 진을 치고 있었습니다. 경찰에 둘러싸인 채 지하 유치장에서 끌려나온 오즈월드는 기자들을 향해 "나는 단지 이용당했을 뿐입니다"라고 계속 외쳐댔습니다.

이때 갑자기 총을 든 건장한 사내가 나타나 오즈월드 앞을 가로막고 총을 발사했습니다. 오즈월드는 현장에서 즉사했습니다. 전 국민이 보는 앞에서 살인을 저지른 사람은 잭 루비Jack Leon Ruby라는 댈러스의 한 술집 주인이었습니다. 대통령 암살범으로 지목된 오즈월드가 잭 루비에 의해 비명횡사하면서 사건은 미궁으로 빠져들었습니다.

미국의 양대 정당인 공화당과 민주당은 케네디 암살 사건의 진상 조사를 위해 얼 워런Earl Warren 대법원장을 위원장으로 하는 '워런위원회'를 구성했습니다. 워런위원회는 10개월 동안 암살 사건에 관한 조

잭 루비

사를 벌인 후 오즈월드의 단독 범행으로 결론을 내렸습니다. 정신이상자인 오즈월드가 케네디 암살을 통해 자신의 용맹함을 세상에 과시하려고 했다는 것이 최종 결

론이었습니다.

1965년 특종 전문 기자로 명성을 떨치던 도로시 킬갈렌Dorothy Kilgallen은 교도소에 수감되어 있던 오즈월드 살해범 잭 루비와 어렵게 인터뷰를 했습니다. 도로시 기자는 집요한 설득 끝에 잭 루

얼 워런 대법원장

도로시 킬갈렌 기자

비로부터 사건의 전말을 들었습니다. 그런데 그녀는 세상을 발칵 뒤집을 만한 특종을 알리기 위해 책을 집필하다가 의문의 죽음을 당하고 말았습니다. 잭 루비도 1967년 교도소에서 의문의 죽음을 맞이하면서 오즈월드를 죽인 배후를 더 이상 밝힐 수 없었습니다.

미국인 중에서 배후 세력 없이 오즈월드 혼자 그런 엄청난 일을 저질렀다고 믿는 사람은 그리 많지 않았습니다. 해병대 시절 오즈월드의 사격 실력은 형편없었고, 그가 가진 구식 총으로는 멀리서 사람을 명중시키는 것이 거의 불가능하다고 알려졌기 때문입니다.

진상 조사를 요구하는 국민의 목소리가 커지고 언론사들이 심층 취재를 한 결과 오즈월드의 단독 범행 가능성이 낮다는 보도가 잇따르자, 정부도 사건을 계속 덮어둘 수 없었습니다.

1976년 미국 연방 하원은 자체적으로 진상조사위원회를 꾸려 2년 동안 사건을 재조사했습니다. 그 결과 당시 케네디 대통령을 향해 발

사된 총알은 3발이 아니라, 4발이었으며 총을 쏜 사람이 한 명이 아닌 두 명이라는 새로운 사실이 밝혀졌습니다. 또한 오즈월드가 주변 사람들에게 머지않아 큰돈이 들어오게 될 것이라고 떠벌리고 다닌 사실도 알게 되었습니다. 연방 하원 진상조사위원회는 "케네디가 모종의 음모로 암살되었을 가능성이 크지만 음모를 꾸민 사람은 끝내 알아내지 못했다"라고 발표하며 그동안 무수히 많이 제기되던 음모론에 날개를 달아주었습니다.

밝혀지는 진실들

케네디 대통령이 암살된 지 30년 만인 1993년, 그동안 숨죽이고 살아왔던 오즈월드의 부인 마리나Marina가 세상에 모습을 드러냈습니다. 언론 인터뷰에 등장한 그녀는 남편 오즈월드의 배후에 CIA가 있었다고 폭로하면서 세상을 깜짝 놀라게 했습니다.

마리나는 케네디가 암살되자마자 CIA 요원이 자신을 찾아와 남편이 케네디를 죽였다고 말하라고 강요했다고 주장했습니다. 또한 조용히 입 다물고 살지 않으면 쥐도 새도 모르게 죽이겠다는 협박을 끊임없이 해서 30년 동안 숨어 지낼 수밖에 없었다고 말했습니다.

본래 소련 태생이었던 마리나는 1961년 오즈월드가 소련으로 망명했을 때 인연을 맺어 그와 함께 미국으로 건너와 텍사스에 정착했습니다. 케네디 암살 사건 이후 생명에 위협을 느낀 마리나는 이름까지 바꿔가며 은둔 생활을 했습니다.

미국의 한 방송사가 30억 원이라는 거액을 제시하며 마리나의 이야기를 소재로 다큐멘터리를 만들겠다고 제안했지만 일언지하에 거절했습니다. 마리나는 과거로부터 벗어나려는 생각에 돈도 필요하지 않았습니다. 그러나 1993년 죽기 전 진실을 알리기로 마음을 고쳐먹은 마리나는 케네디 암살의 배후에 CIA가 있다고 밝혔습니다.

사실 CIA는 오래전부터 케네디 암살의 배후로 주목받아 왔습니다. 1961년 집권을 시작한 케네디가 냉전 종식을 위해 소련과 관계 개선에 나서자 CIA는 궁지에 몰리기 시작했습니다. CIA는 냉전을 이용해 조직을 키우고 권력을 강화해왔기 때문에 냉전의 종식은 조직의 몰락이나 다름없었습니다.

더구나 케네디가 대통령에 취임하자마자 CIA를 해체하겠다고 선언하며 조직과 권한을 대폭 축소하자 불만이 쏟아져 나올 수밖에 없었습니다. 여기에 1953년부터 조직을 이끌며 막강한 권력을 휘둘러왔던 CIA 국장 앨런 덜레스Allen Dulles는 공공연히 케네디에 대한 분노를 드러내며 복수를 다짐했습니다.

케네디 암살 당시 CIA는 오즈월드를 범인으로 지목하고 증거물로 그가 사용한 이탈리아제 소총을 내놓았습니다. 그러나 소총에서 그의 지문이 발견되지 않아 궁지에 몰렸습니다.

앨런 덜레스 CIA 국장

잭 루비가 오즈월드를 살해하면서 궁지에서 간신히 빠져나온 CIA 요원들은 오즈월드의 시신에서 지문을 확보해 마치 소총에서 채취한 것처럼 국민을 속였습니다.

CIA와 함께 당시 부통령 린든 존슨도 케네디 암살 배후로 거론되는 인물입니다. 1963년 11월 케네디가 암살된 후 영부인 재클린은 본인이 알게 된 사실들을 녹음을 해두었습니다. 재클린은 자녀들이 피해를 입을까 두려워서 향후 50년 동안은 남편의 죽음에 관한 비밀을 밝히지 않겠다고 선언했습니다.

1994년 재클린이 세상을 떠나자 케네디의 장녀인 캐롤라인Caroline이 일부 내용을 공개해 적지 않은 파장을 일으켰습니다. 재클린이 남겨 놓은 음성 녹음에서는 린든 존슨을 암살의 배후로 단언하고 있습니다. 린든 존슨은 군수산업체가 몰려 있는 텍사스 출신으로, 정계 입문 때부터 민간 군수산업체들의 전폭적인 후원을 받았습니다. 그는 정치권에 몸담은 동안 시종일관 군수산업체의 이익을 위해 앞장섰습니다.

케네디가 대통령에 취임해 베트남에서 미군을 철수시키려 하자, 린든 존슨은 군수산업체의 입장을 대변해 대통령에게 거세게 항의했습니다. 베트남전쟁이 계속될 경우 군수산업체

존 F. 케네디의 장녀, 캐롤라인 케네디

는 큰돈을 벌 수 있지만 미국 국민은 막대한 세금 부담을 떠안아야 하며, 수많은 젊은이가 목숨을 잃어야 한다는 점이 케네디를 반전주의자로 만들었습니다.

케네디는 국민 다수를 위한 진보적이고 합리적인 의견을 내놓았지만, 돈에 눈이 먼 군수업자들은 그를 탐탁지 않게 생각했습니다. 재클린은 케네디가 린든 존슨의 말을 듣지 않자 암살을 계획하고 이를 실행해 옮겼다고 주장했습니다.

케네디가 텍사스주를 방문한 것도 전적으로 린든 존슨의 의견이었습니다. 존슨은 군수산업과 관련된 일자리가 많은 텍사스주를 방문하는 것이 재선에 도움이 될 것이라고 설득해 케네디의 방문을 이끌어냈습니다. 존슨은 케네디 사망 후 대통령직을 이어받자마자 베트남전쟁을 전면전으로 확대하며 군수산업체가 천문학적인 돈을 벌 수 있도록 도와주었습니다.

이처럼 케네디 암살 사건을 둘러싼 구체적인 의혹들이 제기되며 사람들의 호기심을 자극하고 있지만 아직까지 정확한 암살 원인이 밝혀지지 않았습니다. 다만 2039년이 되면 미국 정부가 숨기고 있는 케네디 암살과 관련된 기밀문서가 세상에 공개되기 때문에, 때가 되면 비로소 사건의 진실에 접근할 수 있을 것입니다.

★

내 목숨을 노린다면
그걸 막을 도리는 없소

평행이론은 서로 다른 시대를 사는 두 사람의 운명이 비슷하게 반복될 수 있다는 이론이다. 바로 링컨과 케네디가 그렇다. 둘은 100년의 간격을 두고 놀라울 정도로 비슷한 운명을 겪었다.

1846년 하원 의원에 당선된 링컨은, 1860년 대통령에 당선되었다. 1946년 하원 의원에 당선된 케네디는, 1960년 대통령에 당선되었다. 정확히 100년의 간격이다. 링컨의 암살범은 포드 극장에서 링컨을 살해한 후 도망치다가 창고에서 붙잡혔다. 케네디의 암살범은 포드 차에 타고 있던 케네디를 살해하고 창고에 숨어 있다가 도망쳐 극장에서 체포되었다. 이 암살범들은 모두 정식재판 전 죽었다. 링컨과 케네디의 후임자 모두가 남부 출신이었는데 링컨의 후임 앤드루 존슨은 1808년생, 케네디의 후임 린든 존슨은 1908년생이었다.

링컨과 케네디 모두 금요일에 암살당했고 부인이 옆에 있었으며 머리에 총을 맞고 숨졌다. 링컨의 비서 중 한 명이 케네디였고, 케네디의 비서 중 한 명이 링컨이었다. 두 비서가 모두 대통령에게 사건 당일 암살 장소에 가지 말라고 권유했지만 소용없었다. 사건 당일 두 대통령은 주변 사람들에게 "누가 내 목숨을 노린다면 그걸 막을 도리는 없소"라는 똑같은 말을 남겼다고 한다. 사람의 운명이 반복된다는 평행이론. 실제로 존재하는지 과학적으로 검증하기는 어렵지만, 링컨과 케네디 모두 개혁적인 인물로 미국인의 존경을 받고 있다는 사실조차 비슷하다.

◇ ◇ ◇

케네디가 암살당한 당시 영부인이던 재클린은 극도의 불안감에 휩싸였다. 자신을 비롯해 어린 자녀들까지 암살당할 수 있다는 생각에 사로잡혀 외출도 못 하고 집안에서 지냈다. 이때 재클린에게 도움을 손길을 내민 사람이 그리스의 선박왕 오나시스였다. 당시 오나시스는 세계 해운업계를 쥐락펴락하던 세계적인 억만장자로 재클린이 홀로 되자 물심양면으로 호의를 베풀었다.

사실 오나시스가 재클린에게 접근한 데는 남모를 속셈이 있었다. 그는 셀 수 없을 정도로 많은 돈을 모았지만 사회 지도층 인사에게 장사꾼 취급을 받기 일쑤였다. 사업차 미국에 머무는 일이 많았는데 콧대 높은 미국 정치인들은 그를 얕잡아 봤다. 오나시스는 영부인이었던 재클린을 아내로 맞으면 단번에 사회적 지위가 높아질 거라고 생각했다.

재클린은 남편과 사별한 지 5년 만인 1968년 자신보다 무려 23살이나 많은 오나시스와 결혼하면서 세상을 깜짝 놀라게 했다. 오나시스에게 이 결혼의 목적은 자신의 명예를 드높이려는 것이었다. 그래서 정치권 인사와의 만남에 반드시 재클린을 대동했는데, 이때 그녀의 의사는 존중되지 않았다. 재클린은 재혼 후에 돈을 물 쓰듯이 썼는데 이 역시 부부싸움의 원인이 되었다.

두 사람의 부부생활은 결혼식을 올린 지 5년 만인 1973년 파경을 맞았다. 이혼한 지 2년 후인 1975년 오나시스가 죽었다. 임종을 맞이하면서 남긴 유언장에는 재클린이 유산을 상속받지 못하도록 하는 내용이 들어 있었다. 하지만 재클린은 오나시스의 유족을 상대로 소송을 제기해 2,000만 달러의 유산을 받아냈다. 이후로 재클린은 출판 편집자 등으로 일하다가 케네디 대통령이 사망한 지 31년 후인 1994년 세상을 떠났다.

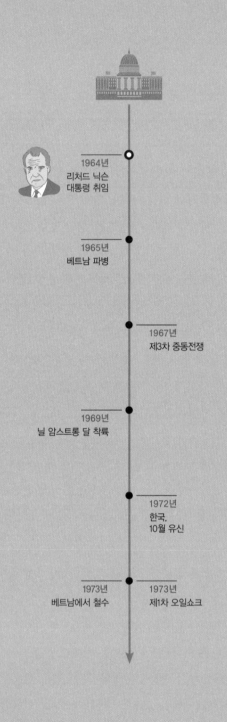

1964년
리처드 닉슨
대통령 취임

1965년
베트남 파병

1967년
제3차 중동전쟁

1969년
닐 암스트롱 달 착륙

1972년
한국,
10월 유신

1973년
베트남에서 철수

1973년
제1차 오일쇼크

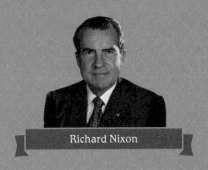

Richard Nixon

불명예 퇴임한

리처드 M. 닉슨

미국 제37대 대통령 (1969~1974) •

아이젠하워 대통령의 러닝메이트로 8년간 부통령에 재직했으며, 미국 제
37대 대통령에 당선되었다. 중국과의 관계를 개선하고 외교적인 능력을
발휘하였으나, 공산주의자를 색출하고 권모술수를 발휘해 정적을 제거하
는 데 힘을 쏟다가 결국 워터게이트사건으로 대통령직에서 물러났다.

가난을 극복한 성공

리처드 닉슨_{Richard Nixon}은 1913년 1월 캘리포니아주 요바린다의 시골 마을에서 다섯 아들 중 둘째로 태어났습니다. 시골에서 작은 잡화점을 운영한 닉슨의 가족은 돈벌이가 시원치 않아 가난에서 벗어나지 못했습니다. 병치레가 잦던 닉슨의 형제 중 몇 명은 병원비가 없어 어린 나이에 세상을 떠났습니다.

빈곤은 닉슨을 괴롭히기도 했지만 강한 동기 부여가 되기도 했습니다. 어릴 적 닉슨은 가난에서 탈출할 수 있는 방법이 공부밖에 없음을 깨닫고 공부에 매진했습니다. 다만 공부에 지나치게 열중한 나머지 친구들과 원만한 관계를 맺지는 못했습니다.

고등학교 시절 닉슨은 타고난 머리에 엄청난 노력을 기울여 학업에서 그를 따라올 사람이 없었습니다. 하버드대학교에서는 그의 출중한 능력을 알아보고 장학금 등 좋은 조건을 제시했지만 닉슨은

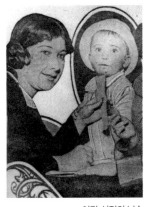

어린 시절의 닉슨

입학할 수 없었습니다. 학비 외에 생활비 등 추가로 필요한 비용을 감당할 수 없었기 때문입니다. 경제적 이유로 하버드대학교 진학을 접어야 했던 닉슨은 인근의 휘티어Whittier대학에 진학했습니다.

가난으로 좌절을 겪기는 했지만, 닉슨은 대학 진학 후 생활비를 마련하기 위해 아르바이트를 병행하면서도 열심히 공부해 일등을 놓치지 않았습니다. 그는 휘티어대학을 졸업한 후 노스캐롤라이나주에 있는 명문 사립 듀크Duke대학교 로스쿨에 전액 장학생으로 입학해 법률 공부를 시작했습니다. 닉슨은 인재들의 요람인 듀크대 로스쿨에서도 탁월한 능력을 발휘했습니다.

로스쿨을 졸업하면서 닉슨은 다시 쓰라린 좌절감을 맛보아야 했습니다. 능력으로만 본다면 닉슨은 뉴욕에 있는 대형 법률회사에 들어갈 수 있었지만, 한미한 집안 출신인 그를 불러주는 회사는 아무 데도 없었습니다. 미국이 능력 본위의 사회라고 하지만 당시까지만 해도 눈에 보이지 않는 차별이 만연했습니다. 본인이 아무리 공부를 잘해도 명문가 출신이 아니면 좋은 자리를 차지하기가 쉽지 않았습니다. 1937년 고향 캘리포니아로 돌아온 닉슨은 개인 법률사무소를 열고 신출내기 변호사로 근근이 생활을 이어갔습니다.

해군 장교가 된 닉슨

1941년 12월 일본의 진주만 공습을 계기로 미국이 제2차 세계대전에 개입하자 닉슨도 자원 입대를 결심했습니다. 해군 장교가 된 닉슨은 전쟁이 끝날 때까지 군에 복무하다가 종전 이듬해인 1946년 캘리포니아주 연방 하원 의원 선거에 공화당 후보로 나섰습니다.

국가를 위해 자원 입대한 닉슨의 애국심을 높게 평가한 지역 주민들 덕에 당시 33살이던 그는 연방 하원 의원에 별다른 어려움 없이 당선되었습니다. 닉슨은 생애 처음으로 미국의 주류 세계에 편입되는 영광을 누리게 되었고, 자신에게 찾아온 기회를 놓치지 않기 위해 누구보다도 성실히 의정 활동에 임했습니다.

닉슨은 제2차 세계대전 이후 미국 사회에 몰아닥친 반공산주의 물결을 잘 활용해 지명도를 크게 높였습니다. 특히 미국의 외교를 담당하는 국무부 차관보 엘저 히스Alger Hiss가 소련의 고정간첩이라는 사실을 폭로해 미국 사회를 발칵 뒤집어놓았습니다. 닉슨은 미국 내 공산주의자 색출에 탁월한 성과를 올리면서, 반공 투사의 상징처럼 되어 보수파들의 전폭적인 지지를 받았습니다.

닉슨과 케네디

1946년 닉슨과 케네디는 하원 의원 당선자 모임에서 처음 만났습니다. 둘 다 나이도 젊고 해군 장교로 참전한 경험이 있어 금세 친해졌습니다. 이후 두 사람은 하원 노동위원회에 소속되어 의정 생활 내내 함께 시간을 보내면서 형제처럼 가깝게 지냈습니다. 케네디보다 나이가 세 살 많던 닉슨은 케네디를 동생처럼 대해 주었고 케네디 역

연방 하원 의원 선거에
출마한 닉슨

시 닉슨을 형처럼 따랐습니다.

 가진 것이 아무것도 없던 닉슨은 두각을 나타내기 위해 항상 열심히 일했습니다. 근무시간이 끝나고도 집으로 돌아가지 않고 자정이 넘도록 사무실에 앉아 맡은 바 소임을 다했습니다. 닉슨은 특유의 성실함으로 그가 속한 공화당 지도부의 인정을 받고 있었습니다.

 닉슨의 삶이 가시밭길이었다면 존 F. 케네디의 인생은 겉으로 보기에는 아주 순탄했습니다. 1917년 미국 동부 매사추세츠주 대부호 조지프 케네디의 아들로 태어난 그는 어려서부터 물적으로 부족한 것이라고는 아무것도 없이 자랐습니다.

 영국 청교도에 의해 처음으로 개척된 미국 땅이 동부 지역이었기 때문에 동부는 미국의 권력이 집중된 중심지였습니다. 케네디의 집안은 동부에서도 손꼽히는 부잣집으로 케네디는 상류층 자제를 위한 명문 사립학교를 거쳐 하버드대학교에 입학했습니다. 케네디는 태평양

전쟁이 일어나자 해군에 자원 입대해 죽음을 넘나드는 고비를 넘겨가며 혁혁한 전공을 세웠습니다. 종전 후 케네디 역시 매사추세츠주 연방 하원 의원에 민주당 후보로 도전해 29살의 젊은 나이에 당선되었습니다.

케네디는 닉슨과 달리 하원 의원으로서 의정 활동에 성실히 임하는 스타일은 아니었습니다. 근무시간이 끝나기 무섭게 술집을 찾거나 여자들을 만나며 자유분방한 생활을 했습니다. 케네디의 정치적 입지는 약했고 정치 생명을 계속 이어가리라는 보장이 없었습니다.

1950년 닉슨이 연방 상원 의원 선거에 출마해 37살의 젊은 나이에 선출되면서 하원 의원이던 케네디와 격차가 생기기 시작했습니다. 더구나 닉슨이 1952년 드와이트 아이젠하워Dwight Eisenhower의 러닝메이트로 부통령에 출마하면서, 일개 하원 의원인 케네디와는 비교할 수 없을 정도로 승승장구하기 시작했습니다. 닉슨은 부통령 후보 시절 유권자들에게 청렴한 이미지를 주기 위해 가계부를 들고 다니면서, 그동안 단 1달러의 부정한 정치자금도 받지 않았음을 강조했습니다. 닉슨의 가계부 전략이 주효해 유권자들은 그를 깨끗한 정치인으로 생각했습니다.

케네디는 닉슨이 공화당 부통령 후보가 되자, 그에게 축하 편지를 보내 진심

부통령 선거 출마 당시의 닉슨

으로 축하해주었습니다. 닉슨 역시 케네디의 편지를 받고 기뻐하며 주변 사람들에게 케네디에 대한 칭찬을 아끼지 않았습니다. 그런데 막상 닉슨이 부통령에 당선되자, 케네디는 닉슨을 질투하기 시작했습니다. 1952년 9월 케네디는 언론사에 익명으로 닉슨의 뇌물수수 비리를 밀고했습니다. 기업인들로부터 정치자금을 받은 사실을 케네디가 폭로하자 닉슨은 최대의 정치 위기를 맞았습니다.

언론에서 연일 닉슨의 부정부패를 대서특필하자 닉슨은 궁지에 몰렸습니다. 주변 정치인들은 닉슨과 연루되는 것을 두려워해 말도 섞지 않으려고 했습니다. 이때 케네디는 닉슨에게 다가가 위로해주었습니다. 그때까지도 닉슨은 밀고자가 케네디인 줄 까마득히 모르고 있었습니다. 닉슨은 TV 연설을 통해 국민을 상대로 자신의 잘못을 깨끗이 인정함으로써 간신히 위기에서 벗어났습니다. 얼마 후 닉슨은 자신의 비리를 밀고한 사람이 케네디라는 사실을 알게 되었고, 그 뒤 두 사람은 앙숙이 되었습니다.

흐루쇼프와 닉슨의 논쟁

미소 간의 냉전이 한창이던 1959년 양국은 긴장 완화를 위해 특별한 이벤트를 마련했습니다. 문화 교류의 일환으로 상대편 나라에 무역전시관을 열기로 했습니다. 1959년 6월 뉴욕에 소련 전시관이 들어섰고, 다음 달에는 모스크바에 미국 전시관이 들어섰습니다.

당시 부통령이던 닉슨은 미국 대표가 되어 모스크바로 날아갔습니다. 미국 전시관이 공식 개장하기 하루 전인 7월 24일, 소련의 니키타 흐루쇼프 공산당 서기장이 미국 전시관을 찾았습니다.

닉슨은 흐루쇼프 서기장을 맞아 미국 전시장을 함께 돌아보며 안내했습니다. 그는 미국 중산층이 사는 주택을 그대로 모방해 만든 모델하우스로 데려가 풍요로운 미국인의 모습을 자랑하려고 했습니다. 닉슨이 세탁기나 토스트기 등 갖가지 편의 시설을 갖춘 미국식 부엌을 보여주며 우쭐해하자 흐루쇼프가 반격에 나섰습니다. 두 사람은 그 자리에서 다음과 같은 격론을 벌였습니다.

흐루쇼프: 미국은 독립한 지 얼마나 됐습니까? 한 300년쯤 되었나요?

닉슨: 아닙니다. 독립한 지 150년 정도 되었습니다.

흐루쇼프: 소련은 이제 독립한 지 42년 되었습니다. 그렇지만 앞으로 7년이면 미국을 따라잡을 겁니다. 소련이 미국을 추월하면 부지런히 따라오라고 내가 손을 흔들지요.

닉슨과 흐루쇼프의
부엌 논쟁

닉슨: 세탁기는 빨래를 자동으로 해주는 기계입니다. 미국 기업들은 여성들이 편하게 살 수 있도록 끊임없이 연구하고 있습니다.

흐루쇼프: 미국인이 그렇게 편안한 것을 좋아한다면 음식을 입에 넣어주는 기계는 없습니까? 소련에 세탁기는 없지만 미국을 날려버릴 수 있는 아주 강력한 핵무기가 엄청나게 많습니다. 또한 세계 최초로 우주선을 쏘아올린 나라도 소련임을 잊지 말길 바랍니다.

닉슨: 미국 노동자들은 시간당 3달러 정도 받는데, 한 달에 100달러씩 20~30년만 저축하면 여기 있는 모델하우스 같은 집을 소유할 수 있습니다.

흐루쇼프: 전혀 놀랍지 않군요. 소련에서는 태어나기만 해도 이런 집에서 살 수 있습니다. 정부가 모든 국민에게 수십 년 동안 살아도 끄떡없는 튼튼하고 좋은 집을 무상으로 지급합니다. 그러니 미국처럼 집을 사기 위해 오랜 기간 저축할 필요도 없습니다. 사실 미국에서는 돈이 없으면 길바닥에서 자야 하지 않습니까? 그러나 소련에는 집 없는 사람이 단 한 사람도 없습니다.

닉슨: 소련처럼 모두가 비슷한 구조의 집에서 사는 일은 결코 바람직하지 않습니다. 국민에게는 선택의 자유가 주어져야 합니다. 사람마다 취향이 다르기 때문에 각자의 취향을 존중해주어야 합니다.

닉슨은 말을 함부로 하고 거칠기로 악명 높은 흐루쇼프 서기장을 맞아 한 치의 물러섬 없이 뜨거운 논쟁을 벌였습니다. 대화 도중 두 사람 사이에 고성이 오갔고 심지어 삿대질까지 했지만 닉슨은 탁월한 언변으로 흐루쇼프를 꼼짝 못 하게 만들었습니다.

수많은 기자가 보는 앞에서 닉슨과 흐루쇼프가 벌인 설전은 곧바로 미국 언론에 보도되어 국민의 관심을 사로잡았습니다. 닉슨은 이른바 '부엌 논쟁'을 통해 적진에 가서도 굴하지 않는 강인한 정치인이라는 좋은 이미지를 심어주었습니다.

케네디의 대통령 당선

닉슨의 성공에 몹시 배가 아팠던 케네디는 가문의 힘을 총동원해 1952년 매사추세츠주를 대표하는 연방 상원 의원에 도전해 당선되었습니다. 이후 1956년 재선에 성공해 정치적 입지를 다지면서 민주당 대선 후보로 떠올랐고, 급기야 1960년 닉슨과 대통령 선거에서 맞붙게 되었습니다. 당시 닉슨은 아이젠하워 행정부에서 일한 부통령 경력이 8년에 달해 케네디와는 비교할 수 없을 정도로 행정 능력을 인정받고 있었습니다. 모든 선거 전문가가 닉슨의 우세를 점쳤습니다.

닉슨은 미국 대선 사상 처음으로 도입된 TV 토론회에서 케네디와 맞붙게 되었습니다. 그는 그동안 부통령직을 수행하면서 쌓은 행정 경험을 바탕으로 케네디를 압도하려고 많은 준비를 했습니다. 그러나 케네디에 비해 어두운 이미지 탓에 큰 손해를 보았습니다. 닉슨은 평소 깐깐한 성격에다 완벽주의를 추구한 탓에 얼굴이 언제나 화가 난 사람처럼 경직되고 어두웠습니다. 게다가 당시 식중독에 걸린 데다가 무릎 수술 통증 때문에 이틀간 잠도 제대로 자지 못해 실제로도 무척 괴롭고 힘든 상태였습니다. 이에 반해 잘생긴 외모에 유머와 여유가 넘치는 케네디는 밝은 이미지였습니다.

닉슨은 TV 토론에서 풍부한 행정 경험을 앞세워 내용면에서는 케네디에게 결코 뒤지지 않았지만, TV에 비치는 어둡고 굳은 이미지 때문에 유권자들에게 좋은 인상을 주지 못했습니다. 결국 닉슨은 대선에서 초반의 기세를 내주고 케네디에게 역전패를 당하고 말았습니다. 이는 닉슨이 정치인으로서 경험한 최초의 패배였습니다.

간발의 차이로 낙선한 닉슨은 한동안 큰 충격에 빠져 지내다 1962년 눈높이를 낮추어 자신의 고향인 캘리포니아주 주지사 선거에 나섰습니다. 주지사 선거로 재기를 노린 그는 전직 부통령 출신으로 인지도 면에서 민주당 후보를 크게 앞섰습니다. 큰 이변이 없는 한 닉슨의 당선이 예상되고 있을 때, 케네디가 선거판에 지원 유세를 나서면서 상황이 급변했습니다.

당시 인기 절정이었던 케네디 대통령은 닉슨을 떨어뜨리려고 캘리포니아까지 날아와 민주당 후보의 선거 활동을 적극적으로 도와주었습니다. 이로 인해 닉슨은 다시 한 번 패배의 쓴잔을 마셨습니다.

이후 닉슨은 정치권을 떠나서 뉴욕에서 변호사로 새로운 인생을 시작했습니다. 원래 닉슨과 케네디는 둘도 없이 친한 친구 사이였지만, 정적으로 변해 다시는 얼굴도 마주치고 싶지 않은 원수 사이로 끝을 맺고 말았습니다.

미국 제37대 대통령

캘리포니아 주지사 선거에서 패하고 뉴욕에서 변호사로 조용히 살던 닉슨에게 다시 기회가 찾아왔습니다. 1968년 그가 정치권을 떠난 뒤 새로운 대표를 찾지 못한 공화당에서 닉슨을 대통령 후보로 추천한 것입니다. 닉슨은 과거 케네디에게 밀려 대통령 선거에서 고배를 마셨지만, 항상 부지런히 일하는 정치인이라는 좋은 이미지가 남아있었기 때문에 재기에 성공할 가능성이 높았습니다.

1968년 공화당 대통령 후보로 선출된 닉슨은 11월에 실시된 대선에서 민주당 대선 후보 허버트 험프리Hubert Horatio Humphrey를 여유 있게 따돌리며 미국 제37대 대통령이 되었습니다.

권좌에 오른 닉슨은 그동안 구상했던 자신의 계획을 구체화하며 새로운 미국을 만들고자 했습니다. 가장 먼저 공산국가와 소모적인 대결을 끝내려고 중국과 국교 정상화에 나섰습니다.

대통령 취임 선서를 하는 닉슨

중국을 방문한 닉슨

1949년 10월 중국 대륙에 마오쩌둥이 이끄는 공산주의 정권이 들어서면서 미국과 중국의 국교가 단절되었습니다. 공산주의 종주국 소련은 중국 대륙에 공산 정권이 들어설 때만 하더라도 자신들이 중국을 마음대로 조종할 수 있으리라고 생각했습니다. 그러나 자존심 강한 마오쩌둥이 소련의 말을 순순히 듣지 않자 양국 간의 갈등이 점점 커졌습니다. 중국과 소련이 국경을 맞댄 우수리강*에서 1969년 3월 대규모 군사 충돌이 일어나 수많은 사상자가 발생했습니다. 이 사건으로 한때 동지였던 양국은 서로 으르렁거리는 사이가 되었습니다. 닉슨은 중국과 소련의 사이가 벌어진 틈을 잘 이용하면 미국이 외교적 주도권을 행사할 수 있으리라고 생각해 기회를 엿보았습니다.

1971년 4월 닉슨에게 중국과 가까워질 수 있는 뜻밖의 기회가 찾

---

* 러시아와 중국의 경계를 이루는 강. 연해주와 만주 사이를 흐른다.

헨리 키신저

아왔습니다. 중국 최고 지도자 마오쩌둥이 일본 나고야에서 열린 세계탁구선수권 대회에 참가한 미국 탁구 국가 대표 선수들을 중국으로 초청하면서 대화의 돌파구가 열렸습니다. 중국을 방문한 미국 선수들은 중국인의 뜨거운 환영 속에 미국과 중국이 친구가 될 수 있음을 세상에 보여주었습니다.

얼마 뒤 미국의 국가안보 담당 보좌관 헨리 키신저Henry Kissinger가 극비리에 중국을 방문하면서 두 나라의 관계 개선은 급물살을 탔습니다. 두 나라는 닉슨 대통령과 마오쩌둥 주석의 역사적인 회담 계획을 공동 발표하기에 이르렀습니다.

1972년 2월 닉슨은 미국 지도자로서는 처음으로 중국을 공식 방문해 베이징에서 마오쩌둥과 허심탄회한 대화를 나누며 양국 간의 적대적 관계를 끝내기로 합의했습니다.

비록 닉슨의 집권 기간은 아니었지만 1979년 미국과 중국은 국교를 맺으며 평화적인 공존의 길로 나갈 수 있게 되었습니다. 만약 닉슨이 양국 간의 관계 개선을 위해 노력하지 않았다면 미국과 중국은 더 오랜 기간 적대적 관계로 남아 있었을 것이라고 전문가들은 이야기하고 있습니다.

사회주의 정부가 들어선 칠레

정계 입문부터 철저한 반공주의자로 명성을 떨친 닉슨이지만 집권 이후에는 중국과 관계 개선을 추구하며 공산권 국가와 갈등을 줄이려고 했습니다. 그렇다고 반공주의 노선을 아예 포기한 것은 아니었습니다. 특히 전통적으로 미국의 영향권 아래 있던 중남미 지역만큼은 공산주의가 발붙이지 못하도록 하는 강력한 정책을 취했습니다.

1970년 9월 칠레에서 아무도 예상치 못한 일이 발생했습니다. 소아과 의사 출신 사회주의자 살바도르 아옌데Salvador Allende가 칠레 대통

살바도르 아옌데

령에 당선된 것입니다. 칠레는 남미의 대표적인 친미 국가이자 세계 최대 구리 생산국으로서 미국이 중시하던 나라였습니다. 그런 칠레에 세계 최초로 민주적인 선거에 의한 사회주의 정권이 탄생하자, 미국은 당황하지 않을 수 없었습니다. 충격을 받은 닉슨은 아옌데 정권을 무너뜨리기로 마음

먹었습니다.

자본주의국가 칠레에 사회주의 정권이 들어선 데는 나름대로 이유가 있었습니다. 칠레는 세계 구리 생산량의 3분의 1 이상을 차지할 만큼 자원 부국이었지만 광산 주인이 미국을 중심으로 한 선진국 기업들이거나 극소수 국내 부유층이었습니다.

모든 국민에게 골고루 돌아가야 할 자원 판매금이 외국 기업과 극소수 상류층의 주머니로 들어가자 심각한 빈부 차가 발생했습니다. 궁전 같은 집에

칠레 지도

서 수십 명의 하인을 두고 사는 극소수 부자가 있는 반면, 비바람을 제대로 막을 수도 없는 낡은 집에서 사는 빈민이 넘쳐났습니다.

1970년 아옌데가 집권했을 당시 칠레는 어린이들 절반가량이 영양실조에 시달렸을 만큼 빈부 차가 말로 표현할 수 없을 정도로 심각했습니다. 소아과 의사였던 아옌데는 굶어 죽어가는 아이들을 돕기 위해 정계에 입문해 대통령 선거까지 나섰습니다. 대선에 출마한 아옌데는 아이들에게 매일 500그램의 분유를 무상으로 제공하고, 무상교육을 확대해 돈 없는 서민이 교육을 통해 더 나은 삶을 살 수 있도록 하겠다고 공약해 국민의 열렬한 지지를 받았습니다.

칠레 국민은 권력욕에 불타는 다른 후보들과 달리 사회적 약자의 권익을 지키기 위해 대선에 도전한 아옌데를 대통령으로 뽑았습니다. 그러나 미국 입장에서는 아옌데가 공산주의 이념 아래 쿠바를 통치하고 있는 피델 카스트로Fidel Castro처럼 위험한 인물로 보였습니다.

더구나 아옌데가 국민에게 선정을 베풀어 남미 사람들이 사회주의를 긍정적으로 보게 되면 자본주의의 맹주 미국으로서는 큰 부담이었습니다. 따라서 닉슨은 칠레를 시작으로 남미에서 사회주의가 들불처럼 번지는 것을 막기 위해 CIA를 동원해 아옌데를 제거하려고 했습니다.

닉슨의 은밀한 명령을 받은 CIA는 아옌데가 대통령 후보 시절 공약으로 내세운 정책들을 실행에 옮길 수 없도록 방해 공작에 돌입했습니다. 우선 아옌데가 가장 역점을 둔 공약인 '어린이들에게 분유를 무료로 나눠주는 프로그램'을 방해하기 위해 발 벗고 나섰습니다. 정치적 목적을 위해 어린아이들이 먹을 분유에 손을 대는 것은 비인도

빈부 차가 극심한 칠레

사회적 약자를 가까이한 아옌데

적인 행위였지만 닉슨은 주저 없이 실행에 옮겼습니다.

1970년대 분유를 자체적으로 생산할 수 있는 나라는 일부 선진국 밖에 없었을 정도로 분유 생산은 높은 수준의 기술을 필요로 했습니다. 당시 칠레의 분유 시장은 스위스에 본사를 둔 세계적인 식품업체 네슬레Nestle가 독점하고 있었습니다. 미국은 아옌데 정부에 분유를 팔지 못하도록 네슬레에 압력을 가했습니다. 미국이라는 거대한 시장을 잃고 싶지 않던 네슬레는 미국의 요구에 순응해 칠레 정부에 분유 판매를 중단했습니다.

이에 깜짝 놀란 아옌데는 웃돈을 주겠다는 약속을 했지만 미국의 경제 보복을 두려워한 네슬레는 칠레 정부의 요구를 모두 거부했습니다. 그러나 칠레 국민 모두가 미국의 횡포로 분유 공급이 중단된 사실을 잘 알고 있었기 때문에 아옌데의 인기는 떨어지지 않았고 오히려 미국에 대한 증오심만 늘어났습니다.

제거당한 살바도르 아옌데

분유 공작이 실패함에 따라 닉슨은 한층 노골적으로 아옌데 제거하기에 나섰습니다. 칠레가 구리 수출로 먹고사는 점을 이용해 1972년 미국이 보유하고 있던 엄청난 양의 구리를 한꺼번에 국제시장에 쏟아내 구리 가격을 폭락시켰습니다. 칠레의 최대 수출품으로 달러 획득에 80퍼센트 이상 기여하던 구리의 판매 수입이 대폭 줄어들자 정부의 재정 상황은 악화일로를 걸었습니다.

아옌데는 외국 기업과 부유층이 독차지하고 있던 구리 광산을 국유화하면서 경제 위기를 돌파해나갔습니다. 구리 광산이 국유화되자 구리 판매 수입이 고스란히 정부에 들어오게 되면서 이전보다 재정 형편이 한결 나아졌습니다. 나아가 구리 산업을 포함한 주요 산업에 대한 국유화를 지속해 1973년이 되자 국내총생산GDP의 절반가량을 국가가 통제할 정도로 사회주의를 진전시켰습니다.

칠레 국부의 원천인 구리 광산

CIA는 칠레의 보수 신문사를 돈으로 매수해 아옌데 때리기에 나섰습니다. 친미 성향의 언론은 '미국의 경제제재로 인해 대부분의 생활필수품을 수입에 의존하고 있는 칠레에 머지않아 경제 위기가 닥칠 것'이라는 기사를 쏟아내며 국민을 불안하게 만들었습니다. 신문 기사를 믿은 국민이 생활필수품 사재기를 하면서 물가가 순식간에 5배나 오르는 부작용도 발생했습니다.

또한 CIA 요원들이 칠레의 화물운수업체에 위장 취업해 대규모 파업을 이끌어내며 아옌데 정권을 압박했습니다. 당시 칠레는 물류 수송을 절대적으로 화물 트럭에 의존했기 때문에 화물업체의 파업으로 인해 물류 시스템이 한동안 마비되었습니다.

이와 같이 닉슨 행정부는 칠레 경제를 파탄으로 내몰며 국민과 아옌데를 이간질했습니다. 그러나 1973년 3월 실시된 총선에서 아옌데가 이끄는 인민연합당이 압승을 거둠으로써 닉슨의 기대는 무너지고

아옌데를 지지하는 칠레 사람들의 거리 행진

말았습니다.

칠레 사람들은 국민을 진심으로 사랑하는 아옌데의 마음을 잘 알고 있었기 때문에 그에 대한 지지를 거둘 생각이 전혀 없었습니다. 닉슨은 아옌데의 재선 가능성이 거의 확실해지자 더욱 불안해졌습니다. 아예 쿠데타를 통해 아옌데를 몰아내기로 한 닉슨은 친미주의자이자 잔혹한 성격의 소유자 아우구스토 피노체트Augusto Pinochet 육군총사령관을 이용하기로 결정했습니다.

닉슨에게 많은 무기를 지원받고 수백억 원에 이르는 현금도 받은 피노체트는 자신과 성향이 비슷한 친미 극우파 장군을 끌어모았습니다. 당시 웬만한 장군들이 대부분 쿠데타에 참여했을 정도로 군부는 친미화되어 있었습니다.

1973년 9월 11일 피노체트가 이끄는 무리는 폭격기, 공격용 헬기, 탱크, 장갑차 등 마치 전쟁을 방불케 할 정도로 막강한 화력을 총동원

아우구스토 피노체트

해 쿠데타를 일으켰습니다. 아옌데를 제거하기 위해 수도 산티아고의 대통령궁으로 수많은 군인이 몰려들자, 아옌데는 도망치는 대신 대통령으로서 할 수 있는 마지막 의미 있는 일을 하려고 했습니다.

아옌데는 라디오 방송을 통해 "오늘 저는 대통령으로서 국민에게 마지막 연설을 하고자 합니다. 쿠데타 세력은

힘으로 우리를 억압하려고 하지만 무력이나 범죄행위로는 사회 개혁을 멈출 수 없습니다. 역사는 우리의 것이며, 극소수 기득권층이 아닌 국민이 만드는 것입니다"라는 말을 남겼습니다.

방송이 끝나기도 전에 피노체트의 군대가 전투기 2대를 출동시켰고 이어서 폭탄이 터지면서 아

오늘날에도 변함없는 존경을 받는 아옌데

옌데 대통령의 목소리가 멎었습니다. 결국 칠레에서 시작된 사회주의 혁명은 피노체트를 앞세운 미국 대통령 닉슨에 의해 산산이 부서지고 말았습니다.

금과 달러의 교환 중지

석기시대처럼 인구가 적고 경제가 발전하지 않았을 때는 굳이 화폐를 사용하지 않고도 물물교환으로 충분히 살아갈 수 있었습니다. 그러나 인구가 늘고 경제가 발전함에 따라 물물교환으로는 교환의 양을 감당할 수 없어 화폐가 등장하게 되었습니다. 시대별로 다양한 종류의 화폐가 등장했지만 금만큼 오랜 기간 사용된 화폐는 없었습니다. 금은 부피가 작고 가벼우면서도 영구적으로 광택을 간직하기 때문에 소장 가치로도 최고였습니다.

1819년 군사력과 경제력을 앞세워 전 세계를 호령하던 영국은 자국이 보유하고 있는 금만큼 화폐를 발행하는 '금본위제'를 실시했습니다. 영국에서 금본위제가 시행되자 영국의 화폐인 파운드화는 금과 같은 안전 자산으로 인식되어 전 세계 무역 및 금융거래의 기본이 되는 화폐, 이른바 '기축통화'가 되었습니다. 19세기 내내 전 세계에서 거래되는 교역의 절반가량이 영국 파운드화로 결제되었으며, 이는 영국이 세계경제의 중심임을 의미했습니다.

1914년 발발한 제1차 세계대전을 계기로 파운드화는 기축통화로서의 지위를 잃게 되었습니다. 당시 영국 정부는 막대한 전쟁 비용을 충당하기 위해 영국이 보유하고 있던 금보다 훨씬 많은 파운드화를 찍어내야 했기 때문에 더 이상 금본위제를 유지할 수 없었습니다.

제1차 세계대전이 막을 내린 1918년 영국은 승전국 지위에 올랐지만 막대한 전쟁 비용 지출로 빚더미에 앉았습니다. 영국 파운드화가 기축통화의 기능을 상실하자 세계경제는 큰 혼란을 겪었습니다. 기축통화가 없다는 것은 무역거래를 위한 안정적인 가치를 가진 화폐가 없다는 것을 의미했습니다.

1929년 미국에서 발생한 경제 대공황의 여파로 1930년대 내내 전 세계는 불황

금 보유량만큼 화폐를 발행하는 금본위제

브레턴우즈에 모인
각국 대표

에 시달렸습니다. 나치 독일은 경제 불황을 탈피하기 위해 1939년 제
2차 세계대전을 일으켰습니다. 경제적 이유로 전 세계가 전쟁에 휘말
리자 강대국을 중심으로 경제 안정을 위한 새로운 해법을 찾기에 나
섰습니다.

제2차 세계대전이 막바지를 향해 치닫던 1944년 7월, 전 세계 44개
주요 국가의 경제정책 대표가 미국 뉴햄프셔주 브레턴우즈Bretton Woods
에 모여 미국 달러화를 새로운 기축통화로 결정했습니다. 당시 미국
은 세계 최대 채권국이자 전 세계 금의 70퍼센트 이상을 보유한 국가
였기 때문에 달러화가 기축통화가 되는 것은 당연한 일이었습니다.

미국 정부는 과거 영국이 그랬던 것처럼 35달러를 가져오면 금 1온
스로 교환해주기로 약속하고 달러 중심의 금본위제를 실시했습니다.
이후 미국 달러화는 금과 동일한 가치를 지니는 화폐로서 국제 교역
의 중심이 되었고, 동시에 미국의 시대가 열렸습니다. 미국 정부는 금
1온스 당 35달러를 발행했고, 달러를 가져오면 언제든지 금으로 바꿔
주었습니다.

1960년대 들어서면서 미국 중심으로 돌아가던 세계경제에 변화가 일어나기 시작했습니다. 독일과 일본이 막강한 제조업 경쟁력을 무기로 미국 상품을 세계시장에서 몰아내면서 미국 경제는 점점 힘을 잃어갔습니다. 더구나 1963년 미국 제36대 린든 존슨 대통령 집권 이후 베트남전쟁에 적극적으로 개입하면서 전쟁 비용 지출이 눈덩이처럼 불어나자 미국 정부는 극심한 재정 적자에 시달렸습니다.

베트남전에 집착한 린든 존슨 대통령은 미국의 금 보유량만큼 달러화를 발행한다는 약속을 어기고 달러화를 마구 찍어내기 시작했습니다. 달러화가 넘쳐나자 프랑스가 가장 먼저 달러화를 금으로 바꾸기 시작했습니다. 이후 각국이 보유하고 있던 달러화를 앞다투어 금으로 교환하자 미국의 금 보유량은 급격히 줄어들었습니다.

1971년 8월 15일 미국 제37대 닉슨 대통령은 특별성명을 발표해 더 이상 달러화를 들고 오더라도 금을 내줄 수 없으며, 앞으로 미국은 더 이상 금 보유량에 구애받지 않고 마음대로 달러화를 발행하겠다는 폭탄선언을 했습니다. 금과 동일한 가치를 지니던 달러화가 닉슨의 말 한마디에 여느 나라 화폐처럼 종이로 전락하자, 전 세계는 큰 충격에 빠졌습니다. 이를 두고 사람들은 '닉슨 쇼크'라고 불렀습니다.

닉슨 쇼크 이후 달러화 가치는 이전보다 못했지만 그렇다고 과거 영국 파운드화처럼 힘을 완전히 잃어버린 것은 아니었습니다. 달러화가 더 이상 금과 연동되지는 않았지만 여전히 미국은 군사력이나 경제력에서 세계 최강국 지위에 있었기 때문입니다. 당시 전 세계 산업

석유 시추 장면

생산액의 25퍼센트 이상을 차지한 미국을 능가하는 경제 규모를 가진 나라는 지구상에 없었습니다.

게다가 석유수출국기구인 오펙OPEC이 석유 거래 결제 화폐를 달러화로 제한했기 때문에, 석유를 수입해야 하는 모든 나라는 달러를 항상 보유하고 있어야 했습니다. 석유는 단일 품목으로는 세계 최대 교역 상품이었기 때문에 각국은 석유 거래를 하기 위해 달러가 계속 필요했습니다.

베트남전쟁과 펜타곤 페이퍼

1964년 8월 2일 베트남 통킹Tonking 만 해안에서 미국 해군 구축함 매덕스Maddox호가 공산주의자 호치민이 이끄는 북베트남 어뢰정의 공격을 받는 사건이 발생했습니다. 이틀 후인 8월 4일 미국 해군 군함 터너조이Turner Joy호가 또다시 북베트남 해군의 공격을 받자, 미국 정부는 언론을 통해 북베트남의 도발 사실을 국민에게 대대적으로 알렸습니

매덕스호

다. 미국 정부의 발표를 철석같이 믿은 미국인은 북베트남에 대한 보복을 강력히 요구했습니다.

당시 대통령 린든 존슨은 의회에 북베트남에 보복할 수 있는 권리를 달라고 요구했습니다. 들끓는 여론을 무시할 수 없던 의회는 국민의 의사를 받아들여 린든 존슨에게 전쟁에 관한 전권을 위임했습니다. 이후 베트남에 미군이 대규모로 파병되면서 기나긴 베트남전쟁*의 서막이 올랐습니다. 린든 존슨 대통령은 정부 재정이 휘청거릴 정도로 막대한 전쟁 비용을 쏟아부었지만 미국은 승기를 잡지 못하고 미군 희생자만 늘어났습니다.

1967년 린든 존슨은 국방부 장관에게 1945년부터 1967년까지 미국이 베트남에서 벌인 행적을 담은 비밀 보고서를 만들라는 특별 지

---

* 베트남이 통일되는 과정에서 미국과 벌인 전쟁 (1960~1975). 자본주의 진영과 공산주의 진영의 대리전이 되었고, 베트남민주공화국이 승리했다.

대니얼 엘즈버그

시를 내렸습니다. 이를 위해 각 분야의 최고 전문가 36명이 모여 국방부 1급 비밀 보고서인 이른바 '펜타곤 페이퍼'를 만들게 되었습니다. 이때 팀원으로 활동한 사람 가운데 대니얼 엘즈버그_{Daniel Ellsberg}가 있었습니다.

1931년 시카고에서 태어난 엘즈버그는 하버드대학교와 영국 옥스퍼드대학교에서 공부하면서 경제학 박사 학위를 취득한 최고의 인재였습니다. 학위 취득 후 국방부에 영입되어 일하면서 군사전략 분야에서 탁월한 능력을 발휘했습니다. 평소 그는 베트남전쟁이 공산주의 확산을 막기 위해 필요하며 궁극적으로 세계 평화에 기여하리라고 생각하고 있었습니다.

엘즈버그는 펜타곤 페이퍼를 작성하면서 한 가지 충격적인 사실을 알게 되었습니다. 지난 1964년 베트남 통킹만에서 벌어진 북베트남군의 선제공격은 베트남전을 일으키기 위한 구실을 만들기 위해 존슨 행정부가 조작한 것이라는 사실이었습니다.

엘즈버그뿐만 아니라 펜타곤 페이퍼 프로젝트에 참가했던 나머지 35명의 전문가도 통킹만 사건이 조작이라는 것을 알게 되었지만 이를 문제 삼는 사람은 없었습니다. 만약 진실을 말한다면 미국의 권위가 땅으로 떨어질 것이고, 비밀 누설자는 역적 취급을 받으며 사회에서 매장될 것이 뻔했기 때문입니다.

조용히 입 다물고 지내는 것이 최상이라고 믿고 있던 엘즈버그는 1969년 한 집회에 참석했다가 우연히 반전주의자 랜디 켈러_{Randy Keller}의 이야기를 듣게 되었습니다. 랜디 켈러는 베트남전 징집 영장을 받은 청년으로, 오랜 고민 끝에 전쟁에 참전하는 대신 교도소에 가기로 작정했다고 말했습니다. 그는 베트남전이 부도덕한 침략 전쟁이라고 생각해 징집을 거부했고, 자신뿐 아니라 당시 수많은 청년이 참전 대신 교도소를 선택했다고 말했습니다. 이를 계기로 엘즈버그는 전쟁의 비밀을 알고 있다는 사실에 극심한 내적 갈등을 겪었습니다.

1971년 6월 엘즈버그는 베트남전에 관한 모든 비밀을 털어놓기로 결심하고 7,000페이지에 달하는 펜타곤 페이퍼 전문을 미국의 유력 일간지인 〈뉴욕타임스〉에 넘겼습니다. 〈뉴욕타임스〉는 여섯 면을 할애해 통킹만 사건이 조작되었음을 세상에 알렸습니다. 이 기사는 미국 사회에 큰 충격을 주었습니다. 〈뉴욕타임스〉는 엘즈버그가 불이익을 당하지 않도록 익명의 제보자라고 보도했습니다. 그러나 펜타곤 페이퍼는 10부 정도밖에 만들지 않은 극비 자료였기 때문에 머지않아 엘즈버그가 유출자라는 사실이 드러났습니다.

통킹만 사건의 진실이 세상에 알려지자, 당시 대통령 닉슨은 어떻게 행동하는 것이 자신에게 유리할지 계산하기 시작했습니다. 물론 통킹만 사건은 전임 대통령 린든 존슨이 꾸민 일이기 때문에 자신의 정치 생명과는 직접적인 관련이 없지만, 닉슨은 이로 인해 반전 여론이 일어날 경우 자신에게 불리할 것이라고 판단했습니다. 만약 전쟁의 끝을 보지 못한 채 반전 여론에 떠밀려 미군이 부랴부랴 철수한다면 이는 패전이나 다름없었습니다. 그렇게 되면 미국 역사상 최초로 전쟁에 패한 대통령이라는 불명예를 안게 되기 때문에 닉슨은 사건을 무마하기 위해 평소 신뢰하던 CIA 요원들을 동원해 음모를 꾸미기 시작했습니다.

CIA 요원들은 엘즈버그의 약점을 알아내기 위해 뒤를 캤습니다. 이 과정에서 이들은 불법 도청·주거침입 등 갖가지 불법적인 일을 저질렀습니다. 또한 엘즈버그가 과거 정신과에서 몇 차례 상담한 사실을 알아낸 후 정신병원에 불법 침입해 관련 자료를 훔쳐냈습니다. 백악관은 엘즈버그를 정신병자로 몰았지만 사람들의 호응을 얻지 못했습니다. 그러자 이번에는 엘즈버그가 동성애자라고 주장하며 어떻게든 그의 사회적 입지를 깎아내리려 했지만 모두 실패하고 말았습니다. 백악관의 비열한 인신공격은 통킹만 사건에 대한 국민의 관심만 높여주었을 뿐, 닉슨이 얻은 것은 아무것도 없었습니다.

닉슨은 엘즈버그의 인격 살인에 실패하자, 법을 동원해 그를 응징하려고 했습니다. 백악관은 그를 간첩죄·국가비밀누설죄·절도죄 등 무려 12가지 죄목으로 기소하고, 사건을 보도한 〈뉴욕타임스〉 기자도 간첩죄를 적용해 기소했습니다. 만약 백악관이 주장한 죄가 인정되면 엘즈버그는 징역 130년이라는 중형을 받아야 했습니다. 또한 백악관은 〈뉴욕타임스〉를 상대로 더 이상 국방부 기밀을 공개하지 못하도록 하는 소송을 걸어 사건이 확대되는 것을 막으려고 했습니다.

연방 대법원은 엘즈버그와 〈뉴욕타임스〉의 손을 들어주며 닉슨에게 큰 타격을 입혔습니다. 연방 대법원은 판결문에서 "헌법이 언론의 자유를 보장한 것은 정부의 비밀을 파헤쳐 국민에게 알리도록 하기 위한 것입니다. 오직 정부의 규제를 받지 않는 자유로운 언론만이 제 역할을 할 수 있습니다. 정부의 비리를 폭로한 것은 공공의 이익에 부합합니다"라는 명판결을 내려 공익을 위한 내부 고발과 언론의 자유를 보장해주었습니다.

모든 사실이 만천하에 드러남으로써 베트남전을 계속해서 고집할 수 없던 닉슨 행정부는 1973년 호치민의 북베트남 공산 정권과 정전 협정을 맺어야 했습니다. 결국 닉슨은 미국 역사상 최초로 전쟁에서 패한 대통령으로 남게 되었습니다.

재선 성공

펜타곤 페이퍼 사건 이후에도 닉슨은 보수 성향의 유권자를 중심으로 폭넓은 지지층을 확보하고 있었습니다. 그는 1972년 실시되는 대통령 선거에서 재선을 노렸습니다. 당시 민주당의 대선 후보 조지 맥거번_{George McGovern} 연방 상원 의원은 모든 면에서 닉슨에 미치지 못했습니다. 닉슨은 각종 여론조사에서 민주당 후보 맥거번과 큰 격차를 보이며 앞서갔기 때문에 큰 이변이 없는 한 재선 성공이 확실한 상태였습니다.

닉슨은 1960년 대통령 선거에서 초반에 케네디에게 크게 앞서다가 역전패한 쓰라린 경험이 있기 때문에 한시도 마음을 놓을 수 없었습니다. 닉슨은 과거 엘즈버그 사건 때 불법 도청과 무단침입 등 불법행위를 저지르면서까지 자료를 모아온 CIA 요원들을 다시 한번 활용하기로 했습니다.

1972년 5월 말 닉슨의 수족이나 다름없던 CIA 요원들은 워싱턴 D.C. 포토맥 강변에 있는 워터게이트_{Watergate} 호텔에 배관수리공으로 위장해 침입했습니다. 당시 호텔 건물에는 민주당 사무실이 있었는데 요원들은 그곳에 도청기를 설치했습니다. 하지만 설치한 도청기가 제대로 작동하지 않자 새로운 도청기를 설치하려고 3주 후인 6월 17일 다시 민주당 사무실에 침입했습니다.

이들은 호텔 경비원의 신고로 모두 현장에서 체포되어 경찰 조사를 받게 되었습니다.

경찰은 조사 과정에서 범인 중 한 사람의 수첩에 적혀 있던 전화번호가 백악관 비서관 번호라는 사실을 알게 되었습니다. 경찰로부터 사건을 넘겨받

조지 맥거번

워터게이트 호텔

은 연방 검찰청은 백악관과 CIA의 개입 가능성에 대해 조사를 계속해 나갔습니다. 닉슨 측근들은 이번 사건이 삼류 절도 사건에 지나지 않는다면서 발뺌했습니다. 또한 연방 검찰청에 압력을 넣어 사건을 확대하지 말 것을 요구했습니다.

1972년 11월에 치러진 대통령 선거에서 닉슨은 민주당 후보에게 압도적인 표 차로 승리를 거두었습니다. 미국 50개 주 가운데 매사추세츠주와 워싱턴 D.C.를 제외한 모든 주에서 승리를 거두었습니다.

후버와 닉슨

미국 FBI(미국 연방 수사국)는 1935년 존 에드거 후버John Edgar Hoover라는 인물에 의해 탄생했습니다. 1940년 5월 프랭클린 루스벨트 대통령은 미국 내 공산주의자를 색출하려고 FBI에 광범위한 도청 권한을 부여했습니다. 이후 후버는 미국의 유력 인사들에 대한 광범위한 불법 도청을 통해 절대 권력을 가졌습니다. 불법 도청으로 알게 된 사람들의 약점을 악용해 상대방을 협박하며 권력을 유지했습니다.

후버가 불법 도청한 대상은 미국 대통령이라도 예외가 아니었습니다. 미국의 역대 대통령들은 후버가 권력을 휘두르고 전횡을 일삼자, 그를 FBI 국장 자리에서 끌어내리려고 했지만 아무도 성공하지 못했습니다. 오히려 후버는 자신을 견제하려는 대통령의 약점을 쥐고 협박하기에 이르렀습니다.

린든 존슨 대통령도 후버에게 꼼짝할 수 없었습니다. 그는 정치에 입문할 때부터 퇴임할 때까지 미국 군수산업체와 이권 관계로 얽히고설킨 관계였기 때문에 후버에게 단 한마디 명령조차 할 수 없었습니다. 도리어 후버에게 잘 보이려고 70세 정년을 앞둔 후버를 종신 연방수사국장으로 임명했습니다. 이로 인해 후버는 죽을 때까지 권력의 정점에서 미국을 쥐락펴락했습니다.

FBI 국장, 존 에드거 후버

닉슨은 대통령이 되자 모든 권력을 자신이 틀어쥐고 싶었습니다. 그는 후버를 FBI 국장 자리에서 쫓아내기 위해 측근들에게 후버가 저지른 비리를 조사할 것을 지시했습니다. 얼마 지나지 않아 후버가 백악관을 찾아왔습니다. 그리고 닉슨에게 사진 뭉치를 내밀었습니다. 사진 속에는 닉슨이 부통령 시절부터 은밀하게 만남을 지속하던 마리아나 리우Mariana Riu라는 중국 여성의 모습이 있었습니다.

후버는 자신을 건드릴 경우 닉슨의 외도 사실을 만천하에 폭로하겠다고 협박했습니다. 잔뜩 겁을 먹은 닉슨은 결국 후버를 권좌에서 쫓아내지 못했습니다. 이후 후버는 FBI가 맡게 된 사건을 대통령인 닉슨에게 보고도 하지 않은 채 독단적으로 처리했지만 닉슨은 지켜볼 수밖에 없었습니다.

1972년 5월 후버가 갑자기 심장마비로 사망하자 닉슨은 측근을 시켜 그의 집을 샅샅이 뒤지도록 했습니다. 후버가 숨겨놓은 닉슨 자신에 관한 자료들을 찾으려고 한 것입니다. 또한 이번 기회에 다른 사람의 약점까지 꿰차게 된다면 더욱 좋은 일이라고 생각했습니다. 그러나 후버의 집 어디에서도 사람들의 약점을 모아둔 파일을 발견할 수 없었습니다. 닉슨은 FBI 조직에 제2의 후버가 나오지 않도록 대책을 마련하기 시작했습니다.

워터게이트사건

후버가 갑자기 세상을 떠나면서 차기 FBI 국장직을 두고 막후에서 치열한 경쟁이 벌어졌습니다. 당시 자리싸움에서 앞서 나가던 사람은

FBI 부국장이었던 윌리엄 마크 펠트_{William Mark Felt}였습니다. 그는 평생을 FBI에서 근무하면서 누구보다도 뛰어난 능력을 발휘했습니다. 승진에서 한 번도 누락된 적이 없던 그는 조직에서 존경받던 인물이었습니다.

마크 펠트는 당연히 자신에게 국장 자리가 돌아올 줄 알았지만 닉슨 대통령의 생각은 달랐습니다. 닉슨은 모든 정보를 꿰차는 요직 중의 요직인 FBI 국장에 자신의 심복을 심어두고자 했습니다. 그런데 FBI에서 잔뼈가 굵은 마크 펠트가 국장이 되면 십중팔구 후버처럼 강력한 권력을 행사할 것이 불 보듯 뻔했습니다. 결국 FBI 국장에 닉슨 대통령의 최측근 패트릭 그레이_{Patrick Gray}가 임명되었습니다.

FBI 국장직 승진 누락을 계기로 앙심을 품은 윌리엄 마크 펠트는 닉슨을 몰아낼 궁리를 했습니다. 미국 내에서 최고의 정보력을 자랑하는 FBI의 이인자였던 마크 펠트는 닉슨이 워터게이트 호텔에 도청기를 설치하려다 실패한 사실을 이미 알고 있었습니다. 그는 닉슨의 정치 생명을 끊을 목적으로 닉슨이 저지른 모든 사실을 미국의 유력 언론사인 〈워싱턴포스트〉 기자에게 제보했습니다.

〈워싱턴포스트〉는 당시 인기 절정의 닉슨이 워터게이트사건에 깊이 개입되어 있다는 사실을 폭로함으로써 미국

윌리엄 마크 펠트

사회에 엄청난 파장을 일으켰습니다. 이번에도 닉슨은 국민에게 진실을 고백하고 사죄하기는커녕 발뺌하기에 여념이 없었습니다. 그는 도청 사건을 모르고 있었으며 참모들이 과잉 충성에서 저지른 잘못된 행동이었다고 둘러댔습니다. 닉슨이 거짓말로 일관하자, 의회는 특별검사를 임명해 사건의 진상을 남김없이 조사하기로 결정했습니다.

    미국 의회에 의해 특별검사로 지명된 사람은 대쪽 같은 성품의 소유자 아치볼드 콕스Archibald Cox였습니다. 콕스 특별검사는 사심 없이 사건을 철저히 수사했지만 닉슨을 잡기란 쉽지 않았습니다. 그러다 수사 도중 백악관 집무실의 모든 대화가 자동으로 녹음된다는 사실을 알게 되었고, 닉슨에게 그동안 녹음된 테이프를 달라고 요구했습니다. 닉슨은 녹음테이프에 국가의 안위에 관련된 중요한 국가기밀이 있기 때문에 특별검사에게 자료를 줄 수 없다면서 계속 버텼습니다.

아치볼드 콕스

1973년 10월 닉슨은 리처드슨Richardson 법무부 장관에게 자신의 숨통을 압박해오는 콕스를 해임하도록 명령했습니다. 그러나 닉슨의 조치가 부당하다고 느낀 법무부 장관은 사임했고, 콕스의 해임을 명령받은 법무부 차관마저도 단호히 거부하고 자리를 박차고 떠났습니다.
    결국 닉슨은 서열이 한참 아래인 로

버트 보크Robert Bork 법무부 차관보를 임시 법무부 장관으로 임명해 콕스 특별검사를 해임했습니다. 이를 두고 사람들은 '토요일 밤의 학살'이라고 불렀습니다.

불명예 퇴임

이후 닉슨은 기자회견을 열어 국민에게 "나는 사기꾼이 아닙니다"라고 주장했지만 그를 믿어주는 사람은 많지 않았습니다. 닉슨의 지지율은 끝 모르게 추락했습니다.

닉슨은 분위기를 반전시키기 위해 새로 임명된 특별검사에게 녹음테이프를 보냈으나 18분 30초가량이 삭제된 상태였습니다. 자신에게 불리한 대화 내용이 담긴 부분을 일부러 지운 녹음테이프를 보낸 것입니다. 삭제 부분에 대해서는 국가의 안위에 관련된 중요한 내용이 들어 있어 어쩔 수 없다고 주장했습니다.

결국 녹음테이프 문제는 대법원까지 가게 되었습니다. 1974년 7월 연방 대법원은 만장일치로 녹음테이프 원본을 특별검사에게 넘겨주라는 결정을 내렸습니다. 닉슨은 꼼짝없이 녹음테이프 원본을

닉슨 대통령 탄핵을 요구하는 미국인들

하야를 앞둔 닉슨

넘겨야 했습니다. 녹음테이프에는 백악관 집무실에서 닉슨과 비서관들이 나눈 이야기가 그대로 담겨 있었습니다. 이들은 워터게이트 사건에 관한 조사를 어떻게든 막기 위해 CIA를 동원해야 한다고 이야기했습니다.

자신이 워터게이트사건과 무관하다고 끊임없이 주장했던 닉슨은 녹음테이프 속 음성에서 빠져나갈 구멍을 찾기에 급급했습니다. 더군다나 대화를 나누면서 대통령의 위치와 전혀 어울리지 않는 저질스러운 비속어를 남발해 국민에게 큰 실망감을 주었습니다.

사건의 진실이 밝혀지자 의회는 대통령 탄핵 절차에 들어갔습니다. 탄핵*으로 대통령 자리에서 쫓겨나는 수모만큼은 면하고 싶었던 닉슨은 1974년 8월 9일 스스로 대통령직에서 물러났습니다. 이로써 닉슨은 미국 역사상 최초로 임기 중에 사퇴한 대통령이 되었습니다. 닉슨은 변호사 자격증마저 박탈당해 대통령직에서 떠난 후 죽는 날까지 다른 일조차 할 수 없었습니다.

---

* 일반적인 절차에 의한 파면이 사실상 어려운 대통령, 국무위원, 법관 등을 국회에서 재판을 요구하여 파면이나 처벌하는 것.

특별사면과 포드 부통령

닉슨이 불명예스럽게 대통령직을 떠나자 제럴드 포드_{Gerald Ford} 부통령이 대통령 자리를 승계했습니다. 포드는 취임한 지 30일이 되던 날 닉슨의 모든 죄를 용서하는 특별사면을 선언해 국민의 분노를 샀습니다. 특별사면이 있기 전날만 하더라도 포드의 지지율은 71퍼센트로 매우 높았지만 특별사면을 실시한 직후에는 49퍼센트로 추락해 다시는 예전 지지율을 회복하지 못했습니다.

포드 대통령이 닉슨에게 지나치게 선처를 베푼 데는 나름대로 이유가 있었습니다. 닉슨이 재선에 성공했을 때 러닝메이트로 부통령에 오른 이는 원래 스피로 애그뉴_{Spiro Agnew}였습니다. 그러나 애그뉴는 탈세 혐의로 큰 물의를 일으켰습니다. 닉슨은 그 여파가 자신에게 미칠 것을 우려해 애그뉴를 처벌하지 않는 조건으로 자리에서 몰아냈습니다. 이후 닉슨은 연방 하원 의원에 지나지 않던 포드를 부통령에 앉혔습니다.

포드에게 부통령 자리는 벼락출세나 다름없었습니다. 이로 인해 포드는 닉슨에게 항상 고마운 마음을 가지고 있었고, 이런 마음이 무리한 특별사면으로 이어졌습니다.

포드는 미국 역사상 최초로 선거를 치르지 않고 부통령이 되어서, 대통령에 오른 행운아였습니다. 국민은 닉슨이 법과 원칙에 따라 처벌받아야 한다고 생각했고, 처벌을 피해 가자 분노했습니다. 국민에게 미운털이 박힌 포드는 끝내 재선에 실패했습니다.

숨겨진 열등감과 집착

닉슨이 몰락한 데는 그의 내면에 숨겨진 불안함과 초조해하는 성격이 크게 영향을 미쳤습니다. 젊은 시절 학교에서 시험을 치른 닉슨이 자신의 성적을 확인하려고 밤에 교수실에 몰래 들어갔다가 발각되어 큰 문제를 일으킨 일이 있었습니다. 그는 초조해서 성적표가 나올 때까지 기다리지 못했던 것입니다.

하류층이었던 닉슨은 돈이 없어 하버드대학교 입학시험에 합격하고도 진학하지 못해서, 학벌에 대한 열등감을 가지고 있었습니다. 이 열등감은 집착으로 이어졌고, 공부 외에는 출세할 방법이 없던 닉슨은 대학에 진학해서도 성적에 매여 살았습니다. 학창 시절부터 형성된 불안감과 집착은 훗날 민주당 사무실을 몰래 도청하려고 했던 워터게이트사건까지 이어지고 말았습니다.

그는 집안 배경이 없는 상태에서 살아남기 위해 학창 시절 최선을 다해 공부했고, 사회에 나와서는 출세를 위해 누구보다 열심히 일했습니다. 그러나 명문가 출신이 많은 정치계는 닉슨이 아무리 높은 자리에 오르더라도 주류로 인정하지 않고 그들의 세계에 받아들여주지 않았습니다. 열등감에 사로잡힌 닉슨은 자신을 주변인이라고 여겨, 오직 믿을 사람은 자신밖에 없다는 생각에 빠졌습니다. 나아가 사람들과 소통하는 대신 모든 일을 독단적으로 처리하려고 했습니다.

역대 미국 대통령은 대부분 외향적인 성격에다 다른 사람과 만나는 일을 멀리하지 않았지만, 닉슨은 외부 인사는 물론 백악관 비서관들과도 제대로 소통하지 않았습니다. 수많은 백악관 참모 중 비서실장과 국내 담당 보좌관만 닉슨의 집무실에 드나들 수 있었을 정도로 그는 사람 만나는 것을 꺼렸습니다. 이로 인해 닉슨의 일정을 조정하는 비서실장이 대통령에 버금가는 권력을 행사하며 사람들의 눈살을 찌푸리게 했습니다.

닉슨은 각 부처에서 현안을 보고받을 때도 장관들과 얼굴을 마주보는 대면보고 대신 서면보고를 선호했습니다. 또한 의심이 많아 대통령이 관여할 필요도 없는 사소한 일까지 일일이 지시하며 주변 사람들을 피곤하게 만들었습니다.

닉슨은 역대 어느 대통령보다 가장 오랜 시간 집무실에 남아서 일한 대통령이었지만, 불우한 성장 과정에서 비롯된 왜곡된 성격으로 인해 불행한 말년을 보내야 했습니다. 닉슨은 분명히 머리도 좋고 성실했지만 정직하지 못해 미국 역사에 불명예를 남긴 지도자입니다.

★

이 요리는 뭘로
만든 건가요?

1972년 닉슨은 역사적인 중국 방문길에 올랐다. 원래 미국과 중국은 한국전쟁에서 맞붙은 국가로 국교조차 없을 정도로 사이가 나빴다. 하지만 냉전이 시작된 이후 소련의 위협에 시달리던 미국은 중국을 이용해 소련을 견제하고자 했다. 이전의 모든 미국 대통령이 중국과 가까워지기를 꺼렸지만, 닉슨은 국익을 위해 중국과 손잡고자 했다. 이를 위해 닉슨은 미국 대통령으로서는 처음으로 중국을 방문해 양국의 관계를 개선하려고 나섰다.

중국 역시 소련과 같은 사회주의국가이지만 소련과 무력 충돌을 벌일 정도로 관계가 좋지 않았다. 중국도 소련을 견제할 목적으로 미국과 협력하고자 했다. 중국 정부는 중국을 방문하는 닉슨에게 좋은 인상을 주고 싶었다. 그래서 방문 일정이나 만찬에 하나하나 공을 들였다.

닉슨을 위한 만찬 메뉴에는 역대 중국 황제들이 즐겨 먹었다는 상어 지느러미 요리인 샥스핀도 들어 있었다. 샥스핀은 전복, 제비집과 함께 중국 3대 진미 재료로 손꼽혀 왔으며 중국인들에게는 암이나 노화 방지에 도움을 주는 건강식으로 알려져 있다. 샥스핀 자체는 아무런 맛도 없는 미끈미끈한 젤라틴 성분에 불과하다. 여기에 요리사들이 자신의 솜씨를 발휘해 한껏 맛을 내는데 요리사의 손맛에 따라 다양한 맛을 낼 수 있다.

중국 최고의 요리사들이 샥스핀을 재료로 수프와 찜을 만들었다. 이를 처음 맛본 닉슨과 수행원들의 반응은 뜨거웠다. "이 요리는 뭘로 만든 건가요?"라며 신기하게 여겼다. 부드러운 식감과 뛰어난 풍미는 쇠고기 요리를 주로 먹는 미국인들이 이전에는 경험하지 못한 색다른 맛이었기 때문이다.

닉슨의 방중을 계기로 샥스핀이 서양인들에게 널리 알려지게 되면서 상어의 수난 시대가 왔다. 중국을 비롯해 전 세계 사람들이 샥스핀을 먹게 되자 상어의 씨가 마르기 시작했다. 이전까지 세계인들에게 상어는 공포의 대상이었지 즐겨 먹는 생선은 아니었다. 그러나 중국이 미국 대통령에게 대접한 음식으로 알려지자 샥스핀은 삽시간에 최고급 요리로 인정받으며 돈이나 권력을 과시하고자 하는 사람들이 선호하는 음식으로 자리매김했다.

샥스핀이 전 세계적으로 큰 인기를 얻자 해마다 1억 마리 정도의 상어가 사람들에 의해 포획되었고, 최상위 포식자인 상어는 멸종 위기에 몰렸다. 다른 생선처럼 상어의 모든 부위가 음식 재료로 인기 있는 것이 아니기 때문에 어부들에게 지느러미만 잘려나간 상어들이 바닷가에 버려져 있는 모습이 알려지면서, 2013년 중국 정부에서는 공식 행사에서는 상어 요리를 대접하는 것을 금지하기도 했다.

1977년
지미 카터
대통령 취임

1979년
이슬람 과격파
이란 주재 미국 대사관 점령

1979년
이란혁명
제2차 오일쇼크

소련,
아프가니스탄 침공

1980년
한국,
5.18 광주민주화운동

Jimmy Carter

무능의 상징에서 평화의 사절로

지미 카터

미국 제39대 대통령 (1977~1981)

거짓말과 권모술수에 신물이 난 미국 국민들은 지미 카터의 도덕 정치 추구
에 손을 들어주었고, 제39대 대통령으로 선출되었다. 그러나 현실 정치에서
그의 도덕 정치는 설 자리를 잃고, 외교적으로 실패를 거듭하며 결국 재선에
실패하였다. 은퇴 후 참여한 여러 활동이 빛을 발해 노벨평화상을 수상했다.

농장주에서 대선 후보로

미국 제39대 대통령 지미 카터Jimmy Carter는 1924년 남부 조지아주에서 농장주의 아들로 태어났습니다. 카터의 부모는 농장의 흑인 노동자를 호의적으로 대우하는 사람이었습니다. 이런 태도는 카터에게도 영향을 주었습니다. 농장의 흑인들이 욕을 먹거나 구타당하는 일도 없었을 뿐 아니라, 어린 카터와 노동자 자녀들이 격의 없이 어울려 지냈습니다. 이는 당시 인종차별이 극심하던 남부 지역에서 흔치 않은 일이었습니다.

어린 시절부터 바다를 주름잡는 해군이 꿈이었던 그는 해군사관학교에 진학했습니다. 1946년 해군사관학교를 졸업한 카터는 핵잠수함 승무원으로 일하면서 경력을 쌓아갔습니다.

1953년 카터가 대위로 복무하던 시절, 갑자기 그는 아버지의 부고를 받았습니다. 카터는 선조 때부터 지켜온

어린 시절의 카터

조지아주 주지사 시절의 카터

땅콩 농장을 위해 군인의 길을 포기했습니다. 전역한 카터는 아버지의 뒤를 이어 농장을 일구며 경영 수완을 발휘해 규모를 늘려갔습니다.

어느덧 카터는 조지아에서 비중 있는 인사가 되었습니다. 1963년 민주당 후보로 조지아주 상원 의원에 당선되며 정계에 발을 내딛은 카터는, 1970년에는 조지아주 주지사로 선출되었습니다. 카터는 주지사로 있는 동안 행정 개혁을 통해 투명한 공직 사회를 만들려고 노력했고, 재직하면서 적지 않은 업적을 남겼습니다.

조지아는 흑인에 대한 인종차별이 극심한 전형적인 남부의 주로 이전까지만 해도 공직에 흑인을 고용하는 일은 없었습니다. 카터는 주변 사람들의 만류에도, 흑인이라도 능력이 있다면 적극적으로 공직에 기용했습니다. 백인 주류층의 비난을 사긴 했지만, 이것이 오히려 미국 사람들에게 자신의 존재감을 알리는 계기가 되었습니다.

조지아주 상원 의원과 주지사를 거치는 동안 카터는 거짓말을 하지 않는 정직한 정치인으로 명성을 얻었고, 이를 바탕으로 민주당 대선 후보로 1976년 대통령 선거에 나섰습니다.

도덕적인 대통령

　카터가 대선에 출마할 당시 미국 내 사정은 암울했습니다. 1960년에 일어난 베트남전에 1964년부터 개입한 미국은 10여 년간 군대는 물론 각종 물자를 퍼부었지만 결국 승리하지 못했습니다. 베트남전은 미국에 크나큰 상처만을 남긴 채 1975년에 겨우 끝이 났습니다. 이러한 결과는 패전이나 다를 바 없었습니다. 미국은 이제껏 다른 나라와 전쟁해서 진 적이 없던 천하무적이었습니다. 미국인들은 동남아시아의 약소국 베트남에 패한 충격에서 쉽게 벗어나지 못했습니다.

　1974년 공화당 출신 리처드 닉슨 대통령이 라이벌 민주당 사무실을 도청하려다 발각된 워터게이트사건으로 사임하면서 다시 미국 사회에 충격을 주었습니다. 닉슨은 사임할 때까지 끊임없이 거짓말을 늘어놓으며 국민에게 정치인에 대한 혐오감을 심었습니다.

　닉슨의 뒤를 이어 제38대 대통령이 된 제럴드 포드는 워터게이트 사건으로 불명예 퇴진한 전임자 리처드 닉슨을 사면했습니다. 그는

미국이 참전한 베트남전쟁

대통령 취임식장의 카터

준엄한 법의 심판을 받아야 할 사람을 사면했다는 이유로 여론의 뭇
매를 맞았습니다.

미국 국민이 국내외 문제로 좌절감에 빠져 있을 때, 중앙 정치 무대
에 등장한 카터는 청렴한 이미지로 많은 사람의 기대를 한몸에 받았
습니다. 카터가 내세운 "거짓말하지 않는 대통령이 되겠습니다"라는
공약은 예상외로 큰 반향을 불러일으켰습니다.

기존 정치에 신물이 난 유권자들은 도덕 정치를 내세운 신선한 카
터에게 몰표를 던졌고, 지미 카터는 1976년 12월 제39대 대통령으로
선출되었습니다. 1977년에 치러진 대통령 취임식에서 카터는 서민적
모습을 보여주기 위해 의전용 호화 자동차를 마다하고 취임식장에서
백악관까지 약 2.7킬로미터의 거리를 도보로 행진하는 새로운 전통을
만들었습니다.

저렴한 주유소를 찾아 줄선 차량들

위축된 미국

제2차 세계대전을 기점으로 초강대국의 반열에 오른 미국은 막강한 경제력을 배경으로 세계의 경찰 역할을 하며, 분쟁이 일어나는 곳마다 빠지지 않고 해결사를 자처했습니다. 그러나 1960년대 베트남전에 개입하면서 끝없는 나락으로 떨어지기 시작했습니다. 미국 정부는 무려 수천억 달러가 넘는 전쟁 비용을 쏟아부으며 베트남의 공산화를 막으려고 했으나 끝내 실패하면서 엄청난 경제적 손실만 입었습니다.

또한 1973년 시작된 1차 오일쇼크*로 석유 가격이 폭등하면서 미국 경제는 큰 타격을 받았습니다. 당시 미국이 일방적으로 아랍의 적국인 이스라엘** 편에 서자, 아랍 산유국들은 정치적 보복 수단으로서

---

* 1973년 제4차 중동전쟁 이후 아랍 산유국은 석유를 무기처럼 이용하며 유가를 4배가량 올렸다.
** 이스라엘은 건국 이래 아랍권과 치른 4번의 중동전쟁에서 모두 승리했다. 제4차 중동전쟁도 이스라엘의 승리로 끝나자 아랍권은 석유 가격을 인상하며 대응했다.

석유 가격을 폭등시켜 세계경제를 마비시켰습니다.

미국 사회에서 유대인의 입김이 막강했기 때문에 미국 정치인은 예외 없이 친이스라엘 정책을 펼쳤고, 이는 아랍 국가들의 극심한 반발을 불러왔습니다. 아랍 산유국들이 석유를 무기 삼아 미국에 저항하면서 전 세계적인 오일쇼크가 발생했습니다.

여러모로 볼 때, 미국이 예전과 같은 전성기를 더 이상 누릴 수 없다는 것을 인식한 카터는 이러한 사실을 국민도 알기를 바랐습니다. 그는 대국민 연설에서 "미국은 머지않아 초강대국의 지위를 잃게 될 것입니다. 따라서 국민은 이제 적게 소비해야 하며 예전보다 위축된 미국에 적응해야 합니다"라고 선언하며 국민에게 있는 그대로의 미국을 보여주려고 했습니다.

국민은 카터의 주장에 공감하지 않았습니다. 미국 사람들은 미국이 막강한 군사력을 동원해 세상의 모든 문제를 해결할 수 있고 계속 초강대국으로 남아야 한다고 생각했습니다. 그들에게 미국은 지구상에 존재하는 수많은 국가 중 하나가 아니라, 세상의 중심이자 당연히 기준이 되는 나라였습니다.

카터는 작은 미국을 만들기로 결심하고 국방비부터 줄였습니다. 전 세계 곳곳에 배치된 해외 주둔 미군을 줄여나갔고, 첨단 무기 개발에 드는 비용을 대폭 줄였습니다. 또한 도덕 정치를 구현하기 위해 외교 정책도 인권과 자유에 초점을 맞추었습니다.

카터 이전의 미국 정부는 국익을 위해서라면 독재자들과도 손을 잡

있습니다. 자국민에게 손가락질을 받는 독재자일지라도 미국에 이익이 된다면 개의치 않고 협력 관계를 유지했습니다. 해마다 막대한 금액의 경제원조가 미국을 따르는 여러 국가에 제공되었습니다. 이로 인해 중남미·아시아·아프리카 등 수많은 국가의 독재자가 미국 정부의 후원 아래 독재정권을 유지했습니다. 그러나 카터 집권 이후 기존 외교정책이 전면 수정되어 독재국가에 대한 지원이 축소되거나 아예 중단되었습니다.

카터는 경제원조 중단에 이어 한 걸음 더 나아가 친미 독재자들에게 자국 국민에 대한 인권 보장을 요구하기에 이르렀습니다. 만일 해당 국가가 미국의 요구에 따르지 않으면 경제제재와 함께 정치적 압력이 가해졌습니다.

카터 정부가 갑자기 경제원조를 중단하고 도덕과 인권을 강조하자, 그동안 미국을 따르던 독재자들이 노골적인 반감을 드러내며 미국의 말에 따르지 않았습니다. 전 세계에 흩어져 있던 독재자들이 그동안 미국을 따른 것은 미국이 주는 막대한 경제원조 때문이었습니다.

카터가 이상적인 도덕 정치를 추구하며 전통적인 우방국들과 사사건건 대립하자, 현실적인 정치인들이 가장 먼저 카터에게서 등을 돌렸습니다. 의회는 카터 행정부가 제출한 개혁 법안을 대부분 부결시키면서 대통령의 발목을 잡았습니다. 의회와 대립 속에서 카터는 실질적인 개혁을 이룰 수 없었습니다. 이로 인해 카터의 지지율은 계속해서 떨어져만 갔습니다.

석유 파동

미국은 가장 중요한 에너지원이자 산업의 원료로 사용되는 석유 자원을 안정적으로 확보하기 위해 중동 지역 문제에 적극 개입해왔습니다. 막강한 군사력을 동원해 사우디아라비아·쿠웨이트·이란 등 핵심 산유국의 안보를 책임졌습니다. 산유국 국왕들은 미국의 비호 아래 마음껏 독재정치를 펼쳤습니다.

이란은 1925년 팔레비Pahlevi 왕조*가 들어선 이래 미국과 오랫동안 긴밀한 관계를 유지했습니다. 특히 팔레비 왕조의 마지막 국왕 모하마드 레자 샤Mohammad Reza Shah Pahlevi**는 적극적인 서구화를 추구하며 현대적인 이란을 만들고자 했습니다. 팔레비 국왕의 현대화 정책으로 이란의 여성은 참정권을 갖게 되었고 남성과 동등한 교육을 받을 수 있게 되었습니다. 이슬람 전통 복장인 차도르Chador***나 히잡Hijab을 착용할 의무도 사라져 자유로운 복장으로 거리를 활보할 수 있었습니다. 미니스커트에 선글라스를 낀 멋쟁이 여성들이 이란의 수도 테헤란 중심가를 활보하고 다녔습니다. 거리마다 서구식 카페와 술집이 즐비했으며 어디에서나 팝송을 쉽게 들을 수 있었습니다. 팔레비 왕조 당시 이란 사람들은 미국산 리바이스 청바지를 입고 코카콜라를 마셨으며, 주말에는 영화관에서 할리우드 영화를 즐겼습니다. 이란은 중동 전체에서 가장 서구화된 나라로 미국인지 중동인지 헷갈릴 지경이었습니

* 이란의 왕조. 레자 팔레비가 창시했으며, 호메이니의 이란혁명으로 무너졌다. (1925~1979)
** 팔레비 왕조의 제2대 왕. (재위 1941~1979)
*** 이슬람교도 여성이 입는 의상. 외출 시 눈을 제외한 모든 신체를 가리기 위한 것으로, 전신에 뒤집어쓰는 망토형.

다. 또한 종교의 자유를 허락해 비이
슬람교도에 대한 차별을 철폐했습
니다.

팔레비 국왕, 모하마드 레자 샤

물론 이란의 서구화를 모두가 좋
아한 것은 아니었습니다. 이란의 보
수적이고 권위주의적인 남성들은
그동안 숨죽이고 살던 여성이 거리
를 활보하고 다니는 모습을 못마땅
하게 여겼으며, 팔레비 국왕을 미워하기 시작했습니다.

한편, 팔레비 국왕은 외형적으로는 급진적인 서구화를 추진하면서
도 정작 민주적인 정치제도 도입에는 소극적이었습니다. 그는 절대왕
정을 유지하며 독재자로 군림했고 반대 세력은 탄압했습니다.

1973년 제1차 오일쇼크가 발생해 석유 가격이 폭등하자, 세계적인
산유국 이란 경제는 이제껏 경험하지 못한 호경기를 누렸습니다. 팔
레비 국왕은 크게 늘어난 석유 판매 수입으로 국민에게 강력한 복지
서비스를 제공했습니다. 이 시기 이란은 중산층이 늘어나고 사회가
안정되었습니다.

이스라엘과 아랍 간의 종전을 계기로 중동 지역에 평화가 찾아들면
서 폭등했던 석유 가격은 점차 안정되어 갔습니다. 이에 따라 이란 역
시 석유 판매 수입이 줄어들었고, 이란 국민에게 제공되는 복지 서비
스의 수준도 이전보다 낮아졌습니다.

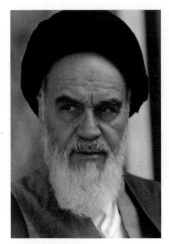
이란혁명의 최고 지도자
아야톨라 루홀라 호메이니

예전보다 먹고살기가 힘들어진 이란 국민은 분노를 표출하기 시작했습니다. 이러한 상황을 잘 이용한 사람이 이슬람 원리주의자였던 아야톨라 루홀라 호메이니Ayatollah Ruhollah Khomeini였습니다. 1978년부터 팔레비 왕정을 부정하는 시위가 이란 전역에서 일어났는데, 그 배후에는 호메이니가 있었습니다. 호메이니는 이란혁명을 위해 혁명위원회를 조직해 반정부 시위를 선동했습니다. 같은 해 9월 정부군의 무차별 발포로 반정부 시위대 2,000여 명이 사망하면서 사태는 걷잡을 수 없이 커졌습니다.

결국 이듬해인 1979년 1월 팔레비 국왕은 외국으로 도망가야 하는 처지가 되었습니다. 팔레비 국왕이 사라지자 호메이니의 시대가 열렸습니다. 호메이니의 혁명위원회는 밤에만 비공개로 진행되는 약식재판을 통해 팔레비 왕정에서 일한 고위 관료 600여 명을 총살했습니다. 이슬람 원리주의자 호메이니에게 의회에서 제정한 실정법 따위는 불필요했습니다. 코란에 쓰인 이슬람 율법만이 세상을 다스리는 원리였습니다. 1979년 이란은 정치와 종교가 분리되지 않는 극단적인 신정神政국가로 바뀌었는데, 이를 일컬어 '이란혁명*'이라고 합니다.

---

* 이란 이슬람 혁명이라고도 한다.

이란혁명을 완성한 호메이니는 곧바로 이란을 율법대로 다스리기 시작했습니다. 중동에서 가장 자유로웠던 이란 여성들은 몸을 가리지 않고는 외출조차 할 수 없었고, 거리를 가득 메우던 카페와 술집이 사라졌습니다. 서구에서 만들어진 음악과 영화 등 대중문화는 악마의 유희로 규정되어 전부 금지되었습니다. 거리 곳곳에는 도덕 경찰이 배치되어 조금이라도 이슬람 교리에 어긋나는 행동을 하는 사람은 모두 체포해 처벌했습니다. 이와 함께 미국에 대한 '석유 수출 전면 금지'라는 초강수를 두어 미국을 넘어 세계경제를 대혼란에 빠뜨렸습니다.

당시 이란은 하루 원유 생산량이 500만 배럴에 이르는 세계 3대 석유 생산국이었습니다. 이란이 석유 감산 정책으로 생산량을 500만 배럴에서 200만 배럴 이하로 줄이자, 극심한 공급 부족 사태가 발생하면서 원유값이 순식간에 3배 이상 폭등했습니다. 이를 두고 '제2차 오일쇼크'라고 합니다. 석유 가격 상승은 1인당 석유 소비량이 세계 최

반미를 외치는 이란인들

팔레비 왕조 전복에 나선 이란인들

이란혁명 후
종교가 지배하는
이란 사회

고 수준인 미국인의 삶을 팍팍하게 만들었습니다. 미국 국민은 정부가 적극 나서서 오일쇼크 사태를 하루빨리 해결해주기를 원했지만, 카터 행정부는 이전 정권과 다르게 국제 문제 개입에 소극적으로 대처해 국민의 원성을 샀습니다.

아르고 작전

이란혁명을 통해 권력을 잡은 호메이니는 만인이 보는 앞에서 팔레비 국왕을 처단하고 싶어했습니다. 당시 팔레비 국왕이 미국에 망명한 상태였기 때문에 호메이니는 팔레비 국왕의 즉각적인 송환을 요구했습니다.

미국 정부는 이를 거절했고 호메이니는 미국을 압박하기 위해, 이란 내의 미국 자산을 보상 한 푼 없이 모두 국유화했습니다. 또한 1979년 11월 호메이니의 지시를 받은 이슬람 강경파가 테헤란에 소재한 미국 대사관에 난입해 점령하는 사상 초유의 사태가 벌어졌습니다.

　이슬람 강경파가 미국 대사관에서 외교관 53명과 대사관 직원들을 인질로 잡은 사건에 전 세계는 충격에 빠졌습니다. 불법 구금된 미국 외교관들은 손이 묶이고 눈이 가려진 채 이란 방송에 등장했습니다.

　미국 대사관은 국제법에 의해 미국 영토로 인정받는 공간입니다. 따라서 이란 사람들이 대사관을 무단으로 침범하는 것은 미국 영토를 공격하는 것과 다름없었습니다. 정상적인 문명국가에서는 상상도 할 수 없는 주재국 대사관을 점령하는 사태가 벌어진 것입니다. 카터 행정부는 해결책 마련에 나섰습니다. 평화주의자 카터는 대화로 문제를 해결하고 싶어했지만, 극단적인 반미주의자 호메이니가 호락호락 들어줄 리 만무했습니다.

　이란혁명대가 미국 대사관을 점령할 당시 미국 대사관 직원 6명이 현장을 빠져나와 영국 대사관으로 갔지만, 영국인들은 미국의 대사관 직원을 도와주지 않고 내쳤습니다. 영국 대사관에서 쫓겨난 그들은 인근 네덜란드 대사관의 문을 두드렸지만 끝내 문을 열어주지 않았습니다. 미국 대사관 직원들이 마지막으로 찾아간 곳이 캐나다 대사관이었는데, 당시 이란 주재 캐나다 대사였던 켄 테일러Ken Taylor 는 목숨을 걸고 그들을 받아주었습니다.

인질로 잡힌 외교관과 미대사관 직원들

이성을 잃은 이슬람 근본주의자들에게 '외교사절 보호'라는 국제법 규정은 아무런 의미가 없었습니다. 눈에 거슬리면 모두 처형의 대상일 뿐이었습니다. 테일러 대사는 미국인들을 자신의 거처인 대사관저로 데려가 보호해주었습니다. 미국 대사관 직원 일부가 사라진 사실을 알게 된 호메이니는 정보망을 총동원해 소재 파악에 나섰습니다. 미국 정부 입장에서는 생사의 기로에 선 미국인들을 이란에서 안전하게 구출해야 하는 절박한 상황이었습니다.

이때 미국에서 해결사로 나선 사람이 토니 멘데즈Antonio Mendez라는 CIA 요원이었습니다. 최악의 적국 이란에서 미국인들을 구출하는 임무를 성공시키기 위해 멘데즈는 공상과학영화 〈혹성탈출〉의 이국적인 배경에서 기발한 아이디어를 생각해냈습니다. 이란의 자연환경이 상당히 이국적인 점을 이용해, 촬영 장소를 물색하러 온 캐나다 출신 영화관계자로 위장하는 것입니다. 작전명은 그리스신화에 나오는 배의 이름을 빌려 '아르고Argo 작전'이라 정했습니다. 어설프게 행동했다가는 멘데즈 자신도 죽을 수 있는 상황이었기 때문에 작전은 매우 치밀하게 진행되었습니다.

멘데즈는 할리우드 영화사의 지원을 받아 마치 실제로 영화가 만들어지는 것처럼 전 세계를 속였습니다. 미국과 캐나다의 합작 영화 〈아르고〉를 만들기 위해 '스튜디오 6'이라는 영화제작사가 설립되었고, 기자들을 초대해 거창한 제작 발표회도 열었습니다. 또한 시나리오와 배우 캐스팅도 완료해 누가 보더라도 진짜 영화제작처럼 보이도록 위

습격받은 미국 대사관

장했습니다. 여기서 '6'이라는 숫자는 탈출시켜야 할 미국인 6명을 의미했습니다. 멘데즈는 이란을 포함해 전 세계 유력 신문과 잡지에 〈아르고〉 영화 광고를 대대적으로 실으면서 더욱 신빙성을 높였습니다. 만반의 준비를 마친 멘데즈는 캐나다인으로 위장해 이란에 입국하는 데 성공했습니다. 그는 곧바로 캐나다 대사관저로 찾아가 숨어 있던 미국인들을 만나 영화 관계자로 위장시켰고, 테일러 대사는 이들에게 캐나다 여권을 발급해주었습니다.

이란혁명 이듬해인 1980년 1월 멘데즈와 미국 대사관 직원들은 항공편으로 이란을 탈출하기 위해 테헤란 국제공항으로 갔습니다. 공항에서는 탈출한 미국인을 색출하기 위해 상주하던 이란혁명 수비대가 있었습니다. 그런데 이란 출입국 공무원이 급조한 캐나다 여권에서 한 가지 의심스러운 점을 발견했습니다. 여권은 진짜이지만 입국할 때 받은 도장이 없었던 것입니다. 결국 미국인들은 추가 조사를 받게 되었습니다.

이란혁명 수비대는 미국인들이 정말로 영화제작자가 맞는지 알아보기 위해 캐나다로 전화를 걸어 확인하기에 이르렀습니다. 이에 대비하여 멘데즈가 미리 CIA 직원을 캐나다 사무실에 상주시켜 놓았기 때문에 무사히 신원 조회를 마칠 수 있었습니다. 미국인들을 태운 에어스위스 비행기가 이란 상공을 벗어나자, 이들은 서로 얼싸안고 기쁨의 눈물을 흘렸습니다. 아르고 작전이 성공하자 미국 의회는 목숨을 걸고 미국인들을 3개월 동안이나 보호해준 이란 주재 캐나다 대사 켄 테일러에게 금메달을 수여했습니다. 또한 토니 멘데즈는 가장 위대한 CIA 요원에 선정되는 영광을 누리기도 했습니다.

　미국 국민은 대사관 직원들의 귀환에 환호하면서, 카터 행정부에 아직 이란에 구금되어 있는 나머지 대사관 직원들의 귀환을 강력히 요청했습니다. 국민의 요구를 무시할 수 없던 카터는 인질 구출 군사 작전을 명령하기에 이르렀습니다.

미국으로 돌아온 인질들

델타포스 인질 구출 작전

1980년 4월 미국 육군 최정예 부대인 델타포스_{Delta Force}가 이란의 미국 대사관에 억류된 인질을 구출하기 위해 나섰습니다. 델타포스는 극한 상황에 대비하기 위해 육성된 특수부대였습니다.

4월 24일 델타포스 대원은 이란 인근 바다에 정박 중인 항공모함에서 8대의 헬기에 나눠 타고 이란을 향했습니다. 헬기 조종사들은 이란의 레이더망에 걸려들지 않기 위해 고도 200피트 이하의 저공비행을 감행해야 했는데, 이로 인해 문제가 발생했습니다. 저공비행을 할 때 마침 모래바람이 불었고, 엔진에 모래가 들어가는 바람에 헬기 한 대가 사막 위에 불시착하고 말았습니다. 추가로 헬기들이 고장을 일으키면서 작전을 더 이상 진행할 수 없게 되었습니다.

작전을 포기한 델타포스는 5대의 헬기에 나눠 타고 항공모함으로 귀환해야 했습니다. 한 치 앞이 보이지 않는 모래바람 속에서 귀환하던 헬기 한 대가 그만 뒤에서 따라오던 미군 수송기와 충돌하는 사고를 당했습니다. 헬기에 타고 있던 대원 3명과 수송기에 타고 있던 5명의 대원이 현장에서 사망했습니다. 세계 최강의 미국 특수부대 델타포스가 적군에게 총 한 번 쏴보지 못하고 돌아왔고, 그 와중에 사상자까지 낸 것입니다.

기고만장해진 호메이니는

출격을 앞둔 델타포스

실패한 인질 구출 작전

인질을 이용해 카터 행정부를 가지고 놀다시피 하며 미국인의 화를 돋웠습니다. 인질들은 미국의 추가 작전에 대비해 이란 전역으로 흩어져 모진 고초를 당했습니다. 이란에 억류된 인질들은 카터의 임기가 끝날 때까지 풀려나지 못했으며, 1981년 1월 억류 444일 만에 미국으로 돌아왔습니다.

항상 웃음을 잃지 않던 카터는 무능의 상징이자 나약해진 미국의 대명사가 되고 말았습니다. 이를 증명하듯 1979년 12월 소련은 중앙아시아의 아프가니스탄을 침공하여 공산화했습니다.

카터가 소련에 할 수 있는 보복이라고는 이듬해 열린 제22회 모스크바 하계올림픽에 미국 대표팀을 파견하지 않는 일밖에 없었습니다. 카터는 자유진영 여러 국가에 미국과 뜻을 같이하여 모스크바 올림픽에 참여하지 말도록 간곡히 요청했습니다. 그러나 영국을 포함하여 네덜란드·프랑스·덴마크 등 대부분의 유럽 국가가 올림픽에 참여하면서 미국의 리더십은 바닥까지 떨어졌습니다.

카터 행정부 시절 미국은 종이호랑이로 전락했고, 결국 카터는 다음번 대통령 선거에서 강력한 미국을 재건하겠다고 나선 공화당의 로널드 레이건_{Ronald Reagan} 후보에게 참패를 당하고 말았습니다. 카터는 집권 기간 내내 지지율이 바닥을 친 가장 인기 없는 대통령 중 하나였습니다.

퇴임 후가 더 아름다운 대통령

1981년 미국 국민의 선택을 받지 못한 카터 대통령은 백악관에 입성한 지 4년 만에 고향 조지아로 돌아왔습니다. 그의 나이 56세였습니다. 고향으로 돌아온 카터를 기다리고 있던 것은 100만 달러가 넘는 부채였습니다. 카터가 대통령직을 수행하는 동안 지인에게 관리를 맡긴 농장은 적자에 허덕이고 있었습니다. 농장을 살리기 위해 동분서주하던 카터는 때마침 출판사와 자서전 발간 계약을 맺어 파산 위기를 간신히 넘겼습니다.

농장이 안정을 찾아가자 카터는 의미 있는 여생을 위해 나섰습니다. 그는 자신의 손재주를 살려 '사랑의 집짓기' 운동을 주도했습니다. 직접 망치질과 못질을 하며 집이 없거나 낡은 집에 사는 사람들을 위해 집을 지어주었습니다. 전직 대통령의 이런 모습은 사람들에게 신선하게 다가왔습니다. 시간이 흐를수록 카터의 뜻에 동참하는 사람이 점차 늘어났고, 카터는 미국을 넘어 전 세계를 누비며 가난한 사람들에게 집을 지어주었습니다.

　카터는 '사랑의 집짓기' 운동 외에도 많은 일을 했습니다. 1994년
북한이 핵무기 개발을 선언하면서 한반도는 일촉즉발의 전쟁 위기에
몰렸습니다. 미국은 핵무기 개발이 확산될 것을 우려해 공습을 포함
한 강력한 응징 조치를 마련하고 있었고, 북한도 전쟁을 치를 각오로
미국에 덤벼드는 상태였습니다. 1994년 6월 미국 전·현직 대통령을
통틀어 처음으로 지미 카터가 북한을 방문해 평양에서 김일성과 독대
했습니다. 카터를 만난 자리에서 김일성은 미국과 전쟁을 원하지 않
으며, 한반도에 평화가 정착될 수 있도록 도와달라고 부탁했습니다.
또한 카터는 같은 해 7월 남북 정상회담을 주선함으로써 휴전 후 처
음으로 남북 지도자가 서로 만날 수 있는 기회를 마련했습니다. 그러
나 김일성이 얼마 후 급사하는 바람에 역사적인 남북 정상회담은 끝
내 열리지 못했습니다.

　이후로도 카터는 분쟁이 일어나는 곳이라면 어디라도 달려가 평화

사랑의 집짓기

김일성과 만난 카터

를 정착시키기 위해 헌신했습니다. 2002년 카터는 국제분쟁을 평화적으로 해결하려는 노력, 민주주의와 인권 향상, 빈곤 퇴치를 위한 업적을 인정받아 노벨평화상을 수상했습니다.

카터는 미국 국민에게 퇴임 이후 미국 대통령이 보여주어야 할 최고의 본보기가 되었습니다. 미국 사람들이 카터를 향해 '대통령에 취임하자마자 곧바로 퇴임했다면 좋았을 것'이라는 우스갯소리를 할 정도로 카터는 퇴임 후가 더 아름다운 대통령으로 찬사를 받았습니다.

사실 그가 추구했던 도덕 정치는 권모술수가 판을 치는 현실 정치에서 통하지 않아, 카터는 대통령 재임 당시 지지를 받지 못했을 뿐 아니라 연임에 실패한 대통령이었습니다. 그러나 도덕적인 길을 걸으려는 카터의 철학은 퇴임 이후의 여러 활동으로 빛을 발해, 그는 은퇴 후 최고의 업적을 이룬 대통령이 되었습니다.

★

미국은 국방비를
너무 많이 사용했습니다

미국의 현직 대통령은 전직 대통령을 최대한 존중하는 관례가 있다. 전직 대통령이 현직 대통령과 다른 정당 소속인 경우도 많지만 이와 상관없이 현직 대통령은 자리에서 물러난 대통령의 소리에 귀를 기울인다. 국정 운영의 경험이 있는 전임자의 조언을 듣는 것은, 현직 대통령이 시행착오를 줄이는 가장 좋은 방법이자 미국의 아름다운 전통이다.

2017년 대통령에 당선된 도널드 트럼프는 예외적으로 전직 대통령과 거리를 두며 자신의 스타일을 밀어붙였다. 트럼프는 전직 대통령을 백악관으로 초대하기는커녕 행사에서 만나더라도 차갑게 대했다. 2018년 12월, 조지 H. W. 부시 대통령의 장례식에서 트럼프는 2016년 대선 과정에서 악감정이 있던 클린턴 부부에게는 눈길조차 주지 않았고, 카터 역시 무시하기는 마찬가지였다. 카터는 트럼프가 추진하는 대외 정책, 특히 중국을 옥죄는 정책을 부정적으로 바라보았기 때문이다.

트럼프는 미국의 패권을 유지하려고 중국을 억누르는 정책을 선거공약으로 삼고 취임 후 이를 실행에 옮겼다. 세계를 좌지우지하는 패권 국가는 단 하나라는 생각이었다. 먼저 그는 강력한 군사력을 유지하는 데 힘을 기울였다. 전임 오바마 대통령의 경우 집권 기간 국방비와 병력을 줄이는 정책을 사용했지만, 강력한 군사력 없이 절대로 중국을 누를 수 없다고 판단한 트럼프는 국방 예산을 크게 늘리며 군사력을 강화했다. 한정된 예산으로 국방비를 늘리자 사회적 약자를 위한 복지 비용은 줄어들 수밖에 없었다. 이외에도 중국산 수입품에 높은 관세를 매겨 중국 기업들에게 부담을 주었다. 세계 1위의 경제 대국인 미국이 2위의 경제 대국인 중국을 상대로 무역 전쟁을 일으키자 세계경제는 큰 혼란을 겪어야 했다.

트럼프의 정책이 잘못된 선택이라고 판단한 카터는 2019년 4월 트럼프에게 친필 편지를 보냈다. 편지에는 중국과의 무역 전쟁에 관해 전임자로서 조언하고 싶다는 내용이 담겨 있었다. 카터는 이전에도 트럼프에게 무시를 당한 적이 있었기 때문에 답장이 오리라는 기대를 하지 않았다. 2017년 카터는 트럼프에게 자신의 뜻을 알리려고 미국의 저명한 신문사인 워싱턴포스트에 글을 기고한 적이 있다. 그는 기고문에서 '북한 핵문제를 해결하기 위해 직접 북한을 방문해 김정은을 설득하겠다'라고 제안했다. 그러자 트럼프는 "북한 핵문제는 전직 대통령이 관여할 영역이 아니다. 내가 알아서 하겠다"라고 카터의 제안을 단번에 거절했다.

이전에도 트럼프는 카터를 두고 '미국 역사상 최악의 대통령'이라는 비난을 퍼부으며 적개심을 드러냈다. 그런데 카터가 보낸 친필 편지에 뜻밖에도 트럼프가 카터에게 전화를 걸어왔다. 카터는 트럼프에게 "미국은 건국 후 지난 242년간 전쟁을 벌이지 않은 평화의 시기가 겨우 16년에 불과하다. 미국이 세계에서 가장 호전적인 나라인데 반해 중국은 미국과 수교를 맺은 1979년 이후 한 번도 전쟁을 벌인 적이 없다. 전쟁을 포기한 중국은 현재 번영을 누리고 있다. 미국이 전쟁에 쏟아부은 돈을 경제개발에 사용했다면 미국 전역에 고속철도가 설치되었을 것이다. 또 교육의 질도 크게 향상되었을 것이다. 중국이 미국의 턱밑까지 추격할 수 있게 된 것은 미국이 너무 많은 국방비를 사용했기 때문이다"라는 쓴소리를 작심하고 쏟아냈다.

카터 이외의 전직 대통령은 자신들을 무시하는 트럼프와 일정한 거리를 두었지만 카터는 달랐다. 그는 90세가 넘은 나이에도 국가를 위해서라면 바른 소리를 아끼지 않는 국가 원로 역할을 충실히 수행했다.

1981년
로널드 레이건
대통령 취임

1983년
미국, 그레나다 침공

1987년
한국,
6.10 민주항쟁

1989년
중국,
천안문 사태

1990년
독일 통일

1991년
걸프전쟁(이라크-쿠웨이트)

Ronald Reagan

강력한 미국을 되살린

로널드 W. 레이건

미국 제 40대 대통령 (1981~1989)
젊은 시절 영화배우로 활동하다 정치와 연이 닿아 제 40대 대통령에 당선되었다. 목표를 정하면 물러서지 않고 밀어붙여 외교적으로 강력한 미국을 되살렸고, 감세 정책으로 미국 경제를 안정화시켰다.

이류 배우 레이건

로널드 레이건Ronald Reagan은 1911년 2월 일리노이주 템피코라는 작은 마을에서 태어났습니다. 구두 외판원이던 부모는 수입이 너무 적었고, 더구나 알코올의존증이었던 아버지는 술만 마시면 폭력을 일삼아 레이건의 가정환경은 불우하기 짝이 없었습니다. 그러나 어머니는 어린 아들이 삶에 대한 긍정적인 자세를 잃지 않기를 바라면서 용기를 심어주었습니다. 그 덕분에 레이건은 일생 동안 어떤 경우라도 희망을 놓지 않을 수 있었습니다.

소년 시절의 레이건

레이건은 학비 문제로 대부분의 미국 대통령이 다닌 아이비리그*에 진학할 수 없었습니다. 대신 상대적으로

---

* 미국 북동부에 위치한 8개의 명문 사립 대학교. 하버드, 예일, 펜실베이니아, 프린스턴, 컬럼비아, 브라운, 다트머스, 코넬대학교를 가리킨다.

스포츠 아나운서 시절의 레이건

학비가 저렴한 유레카Eureka 대학교에 들어갔고, 아르바이트로 학비를 벌며 힘들게 학업을 이어갔습니다.

레이건은 대학 졸업 후 지역 라디오 방송국에서 스포츠 아나운서로 사회생활을 시작했습니다. 야구 중계를 담당한 그는 마치 경기장에서 실제로 경기를 보는 것처럼 흥미진진하게 방송하는 능력이 있어 사람들의 마음을 사로잡았습니다.

외모가 출중하고 연기를 좋아한 레이건은 1937년 스크린 테스트를 통해 영화배우로 전직하며 새로운 길을 걸었습니다. 큰 키에 호남형 얼굴, 운동으로 다져진 균형 잡힌 몸매를 지닌 그는 영화배우에 손색이 없었지만 현실은 그리 녹록지 않았습니다. 영화의 중심지 할리우드에는 레이건만큼 잘 생기고 연기력이 뛰어난 배우가 수도 없이 많았습니다. 레이건은 나름대로 실력을 갖추고 있었지만 당대 최고 배우 제임스 딘James Dean이나 클락 게이블Clark Gable에는 이르지 못해 이류 배우 취급을 받았습니다.

1940년 동료인 배우 제인 와이먼Jane Wyman과 결혼한 레이건은 둘 사이에 자녀까지 두었으나 행복한 생활은 오래가지 않았습니다. 제인 와이먼은 남편에 비해 상당한 지명도가 있던 배우였습니다. 그녀는 레이건이 머지않아 유명 배우로 성공할 수 있을 것이라는 기대 속에 결혼했지만, 희망과 달리 레이건은 시간이 흐를수록 사람들의 마음속에서 사라져갔습니다.

미국이 제2차 세계대전에 발을 담그자, 평소 애국심이 투철하던 레이건은 자원 입대해 국가에 충성을 다했습니다. 할리우드가 국가를 위해 헌신한 자신에게 좋은 배역으로 보답할 줄 알았지만 현실은 달랐습니다. 레이건에게는 저예산 B급 영화에서 침팬

영화배우 시절의 레이건

지를 기르는 교수, 병마에 시달리는 노인 등 전혀 매력적이지 않은 역할만 주어졌습니다.

레이건이 배우로서 성장하지 못한 채 바닥에서 허우적거리는 동안 그의 아내는 대스타로 성장해 남부러울 것 없는 인기를 누렸습니다. 아내는 장래가 불투명한 남편에게 부담을 느껴 이혼을 원했고, 1948년 결국 두 사람은 남남이 되고 말았습니다. 레이건은 자녀까지 아내에게 빼앗긴 채 홀로서기와 생계를 위해 새로운 길을 모색해야 했습니다.

허위 증언

레이건은 1947년 미국노동총연맹 산하 영화배우협회 수장 자리에 도전했습니다. 영화배우협회장에 당선된 뒤 거대 영화사를 상대로 영

화배우의 권익을 지키는 일에 앞장서서 동료 배우들로부터 지지를 얻었습니다. 그는 배우협회장직을 연임하며 협상하는 방법을 터득하고 조직을 이끄는 노하우도 습득했습니다.

제2차 세계대전이 끝나자마자 시작된 미국과 소련 간의 냉전은 할리우드 영화계에도 영향을 미쳤습니다. 미국 의회에 설치된 반미활동조사위원회는 몰래 활동하는 공산주의자를 색출한다는 명분을 내세워 영화인에 대한 대대적인 숙청 작업에 나섰습니다. 1947년 9월 영화배우협회장이라는 중책을 맡고 있던 레이건은 청문회에 출석해 할리우드에 공산주의자가 있는지 답변해야 하는 처지에 내몰렸습니다. 청문회에는 레이건뿐 아니라, 애니메이션의 대부 월트 디즈니_{Walt Disney}, 영화배우 게리 쿠퍼_{Gary Cooper} 등 무려 41명의 증인이 소환되어 혹독한 사상 검증을 받았습니다.

평소 공산주의를 극도로 혐오한 레이건은 할리우드로 공산주의 물결이 밀려오는 것을 막기 위해 할리우드에 공산주의자들이 뿌리 깊게 침투해 있다고 허위 증언을 했습니다. 사실 레이건은 별다른 물증도 없었지만, 이로 인한 파장은 적지 않았습니다. 무려 300여 명의 영화인이 공산주의자로 몰려 손가락질 당하고 애꿎은 사람들이 피해를 입었습니다. 그중 적지 않은 수가 영화계에서 퇴출되거나 심지어 구속되기까지 했습니다.

1952년까지 레이건은 영화배우협회장을 지내며 영화계를 넘어 정치권 인사들과도 친분을 쌓았는데, 이는 훗날 정계로 진출할 때 도움이 되었습니다.

재혼과 공화당 이적

레이건은 낸시 데이비스Nancy Davis라는 배우와 1952년 재혼했습니다. 낸시 데이비스의 어머니는 연극배우로 낸시가 아기였을 때 이혼했습니다. 낸시 어머니는 생활을 위해 매릴랜드주에 사는 언니에게 아이를 맡겨야 했습니다. 낸시의 나이 8살 되던 해 어머니가 시카고에서 가장 유명한 신경외과 의사와 재혼하면서 모녀는 드디어 함께 살 수 있게 되었습니다. 평소 연극을 좋아한 낸시의 새아버지는 연극을 관람하러 갔다가 낸시 어머니와 가까워지게 되었습니다. 어머니의 재혼 이후 낸시는 능력 있는 새아버지 덕분에 물질적으로 더할 나위 없이 풍족한 환경에서 자랐습니다.

낸시가 연기자를 꿈꾸자, 사회 명망가였던 새아버지는 딸에게 연극과 영화계의 거물들과 만날 수 있는 기회를 마련해주었습니다. 낸시는 고등학교를 마친 후 사립 명문 여자대학인 스미스칼리지Smith College에 진학해 연극을 공부했습니다. 유복한 가정환경에 대학까지 마쳤지만 할리우드 배우가 되는 일은 결코 쉽지 않았습니다. 사실 낸시는 오드리 햅번Audrey Hepburn, 비비안 리Vivien Leigh 같은 할리우드 톱스타처럼 눈에 띄지 않았으며 연기력이 뛰어난 것도 아니었습니다.

낸시가 대학을 졸업하고도 할리우드에 진출하지 못한 채 방황하자, 그

낸시 데이비스

녀의 부모가 적극적으로 발 벗고 나섰습니다. 부모 덕분에 데뷔할 수 있었던 낸시는 11편의 영화에 출연했지만 모든 영화가 흥행에 참패하면서 이류 배우 신세를 면치 못했습니다.

1949년 '공산주의 공포'가 한창 진행 중에 언론사에서 낸시를 공산주의에 동조하는 배우 명단에 올리면서 그녀는 위기를 맞았습니다. 공산주의자가 아니었던 낸시는 동명이인이 게재된 사실을 알리려고 영화배우협회장인 레이건을 찾아갔습니다. 첫 만남에서 호감을 가진 레이건이 언론사의 오보에 대한 낸시의 억울함을 풀어주었습니다. 둘 사이는 급속히 가까워져 3년 뒤 결혼하기에 이르렀습니다. 이후 낸시는 레이건의 가치관에 큰 영향을 미쳤습니다.

원래 레이건은 프랭클린 루스벨트를 인생에서 가장 존경하던 민주당원이었습니다. 루스벨트 대통령은 미국 역사상 최초로 중산층 이하의 사회적 약자 편에 서서 수많은 개혁을 이끌어낸 위대한 대통령으로서 복지국가 미국을 꿈꾼 지도자였습니다. 그러나 결혼 이후 레이건은 낸시의 영향으로 공화당으로 당적을 옮기며 기존에 가졌던 생각을 바꾸었습니다. 복지 제도를 위한 지나친 부자 과세는 미국 경제의 활력을 떨어뜨린다고 여겨 감세를 중시하게 되었습니다. 또한 이전보다 소련과 공산주의를 더욱 혐오하게 되었습니다.

정치인 변신

로널드 레이건은 1937년 첫 번째 영화에 출연한 이후 1964년 마지막 59번째 영화를 찍을 때까지 일류 배우가 되지 못했습니다. 젊은 시절 대부분을 영화계에 헌신했지만 아카데미상 후보에 오른 적도 없고 출연작이 흥행 순위에 오른 적도 없었습니다.

1964년 레이건은 27년간의 영화배우 생활을 접고 정치인으로 변신을 꾀했습니다. 그는 공화당에서 적극적으로 활동하면서 1966년 캘리포니아 주지사 선거에 도전했습니다. 낸시도 남편의 정치 인생을 위해 영화배우의 길을 버리고 함께 유권자를 찾아다니며 레이건에 대한 지지를 호소했습니다.

당시 캘리포니아 주지사 선거에 출마한 에드먼드 브라운Edmund Brown 민주당 후보는 이미 두 번이나 주지사를 지낸 백전노장이었지만 레이건의 도전에 무릎을 꿇고 말았습니다. 미국에서 주지사는 해당 주에서 대통령에 버금가는 권력을 갖는 자리였습니다. 레이건은 캘리포니아주 주지사직을 무난하게 수행했습니다.

1970년 재선에 성공한 레이건은 대통령 선거에 나서기로 결심했습니다. 1976년 공화당 대통령 후보 지명전에 나섰으나 현직 대통령이던 제럴드 포드에게 패하면서 4년을 기다려야 했습니다. 낸시는 레이건이 고배를 마시자 기존 참모진을 해임하고 능력 있는 참모를 기용하면서 차기 대선을 철저히 준비했습니다.

레이건과 낸시

당시 최고령 대통령 탄생

1980년 11월 레이건은 공화당 대선 후보로 선출돼 현직 대통령 카터와 대선에서 맞붙게 되었습니다. TV 토론회가 시작되자 영화배우 출신 레이건은 여유로운 모습으로 카터를 압도하며 승기를 잡아 나갔습니다. 그는 TV 토론회 도중 국민을 향해 "카터가 집권한 지난 4년 동안 여러분의 살림살이가 나아진 것이 있습니까?"라는 질문을 던지며 카터 행정부의 무능을 꼬집었습니다. 국민을 향한 레이건의 의미심장한 질문 한마디는 큰 반향을 불러일으켰습니다. 카터 집권 시절 모든 것이 퇴보했다고 생각한 국민은 대선에서 레이건에게 몰표를 던지며 백악관에서 카터를 몰아냈습니다.

레이건은 전체 50개 주 가운데 44개 주에서 카터를 누르고 6개 주에서만 밀렸습니다. 대선 이듬해인 1981년 1월 20일 레이건은 69세의 나이로 제40대 대통령에 취임하면서 당시 미국 역사상 최고령 대통령이 되었습니다.

대통령 취임식 날의
카퍼레이드

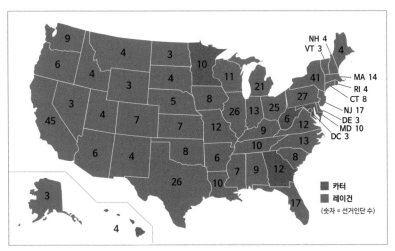

카터에게 압승을 거둔 레이건

레이건은 국민들에게 새롭고 강력한 미국을 약속했습니다. 그러나 그가 카터 행정부에서 물려받은 것이라고는 12.5퍼센트의 물가 상승률과 7.6퍼센트의 높은 실업률밖에 없었습니다. 더구나 베트남전 패배와 계속되는 극심한 경제 침체로 미국 사회 전체에 팽배해진 비관주의를 극복해야 하는 막중한 임무를 떠맡아야 했습니다.

암살 미수 총격 사건

1981년 3월 30일 대통령 취임 69일이 되던 날 오후, 레이건은 수도 워싱턴 D.C.의 힐튼 호텔에서 노동자 대표들에게 연설을 했습니다. 연설을 마치고 밖으로 나오던 도중 그는 존 힝클리John Hinckley로부터 총격을 받았습니다. 당시 범인은 25세의 남자로 짝사랑하는 할리우드

여배우 조디 포스터_{Jodie Foster}에게 자신의 존재감을 알리기 위해 대통령 암살을 실행에 옮겼습니다.

대통령의 몸을 파고든 총알은 심장에서 불과 2.5센티미터를 비켜나가 왼쪽 폐를 관통했습니다. 그러한 위기의 순간에도 정작 레이건 본인은 태연했습니다. 들것에 실려 가면서도 "총에 맞고도 죽지 않은 건 정말 기분 좋은 일이지요"라며 넉살을 부렸습니다. 조지워싱턴 대학 병원에 도착한 레이건은 숨쉬기조차 쉽지 않았지만 대통령으로서 품위를 지키기 위해 차에서 내리기 직전 옷매무새를 가다듬고 힘차게 걸어서 병원으로 들어갔습니다. 그러나 병원에 들어서자마자 제대로 걷지 못하고 쓰러지고 말았습니다.

저격 소식을 들은 영부인 낸시가 병원에 도착하자, 레이건은 큰 충격을 받은 아내를 달래기 위해 천연덕스럽게 "여보, 내가 총알을 피하는 것을 깜빡했소"라며 오히려 상대방을 위로하는 넉넉함을 보여주었습니다. 또한 몸에 박힌 총알을 제거해야 하는 큰 수술을 앞두고 긴장한 의사들의 심적 부담을 덜어주기 위해 미소를 지으며 "당신들 모두 공화당 당원이겠지요?"라고 물었습니다. 그러자 곁에 있던 의사는 "그렇습니다. 대통령님. 최소한 오늘만은 모두 공화당원입니다."라고 답했습니다.

존 힝클리

고난도 수술이었지만 최선을 다한 의료진 덕에 마침내 수술이 성공적으로 끝났습니다. 넉넉한 여유와 따뜻한 배려, 두려움과 공포의 순간을 담대하게 극복하는 레이건의 모습은 지도자로서 국민을 믿고 따르게 하는 힘이 되었습니다.

레이건은 수술 후 의식이 돌아오자 병원 입원실을 집무실로 삼고 대통령 임무를 수행했습니다. 고령인 데다 수술 후유증이 남아 있는 상태였지만 개의치 않고 의욕적으로 임무를 수행해 국민의 존경을 한 몸에 받았습니다. 레이건은 병원에서 집무 활동을 하던 기간에 지지 율이 83퍼센트를 넘을 정도로 국민의 뜨거운 사랑을 받았습니다. 얼마 후 건강을 회복한 레이건은 백악관으로 돌아올 수 있었습니다.

대통령을 저격한 범인이 유능한 변호사의 도움으로 교도소 대신 정신병원에 감금되면서 미국 사회가 다시 한 번 큰 논란에 휩싸였습니다. 변호사는 범인이 정신이상자임을 인정받는 데 성공했고, 대통령 저격범이 교도소를 가지 않는 사상 초유의 사태가 일어났습니다. 존 힝클리는 정신질환자 보호시설인 세인트 엘리자베스Saint Elizabeth 병원에 수용되어 있다가 34년 만인 2015년 자유의 몸이 되었습니다.

항공관제사 노조 해고

항공관제사는 공항에서 비행기의 이착륙을 통제하는 사람을 말합니다. 수십 미터에 이르는 높은 관제탑에서 근무시간이 끝날 때까지 단 한시도 긴장의 끈을 놓을 수 없을 정도로 업무는 스트레스의 연속입니다. 활주로 한쪽에서는 항공관제사의 통제에 따라 항공기가 이륙하고, 하늘에서는 대기 중인 항공기가 무선으로 착륙 요청을 합니다. 또 다른 활주로에서는 활주로 점검을 위해 점검 차량이 출동하는 등 이 모든 일이 동시에 일어나기 때문에 고도의 집중력이 뒷받침되지 않는다면 대형 사고가 일어나기 십상입니다. 이와 같이 항공관제사는 엄청난 격무에 시달리기 때문에 대부분의 나라에서 높은 연봉을 받는 전문직에 속합니다.

레이건이 대통령 후보 시절, 조합원 1만 7,000여 명의 미국 연방 항공관제사노조PATCO는 그에 대한 지지를 선언하며 선거운동을 적극적으로 도왔습니다. 레이건이 대통령에 당선되자마자 항공관제사 노조는 대폭의 연봉 인상, 근로시간 단축 등 여러 가지 요구 조건을 내세웠습니다. 그러나 레이건은 그들의 요구를 들어주지 않았습니다. 당시 항공관제사의 연봉은 2만 달러에서 5만 달러 수준이었는데, 노조는 연방 정부를 상대로 단번에 1만 달러라는 연봉 인상을 요구했습니다. 만약 자신들의 요구를 들어주지 않을 경우 집단행동도 불사하겠다는 압박을 가했습니다.

항공관제사 노조가 연방 정부를 향해 큰소리친 데는 그만한 이유가 있었습니다. 영토가 넓은 미국은 오래전부터 철도나 버스보다는 항공 교통이 발달했습니다. 관제사 파업으로 항공 교통이 마비된다면 여객 수송뿐 아니라, 항공 물류마저 막혀 미국 경제는 치명적인 타격을 받을 수밖에 없었습니다.

항공관제사 노조는 자신들이 가진 막강한 힘을 무기로 연방 정부를 압박했지만, 레이건은 그들의 요구가 상식을 벗어나는 일이라고 판단해 들어주지 않았습니다. 노조는 1981년 8월 3일을 총파업일로 선언해 레이건을 궁지에 몰아넣었습니다. 그날을 파업 시작일로 잡은 것은 그때가 연중 항공 여객 수요량이 가장 많기 때문입니다. 미국의 경우 8월 초가 휴가 시즌이기 때문에 항공사들은 연중 최대 호황을 누리며 비수기 때의 적자를 메우는 기회로 삼고 있습니다. 노조는 가장 치명적인 타격을 줄 수 있는 때를 노려 파업을 선언한 것입니다.

당시 주변 분위기도 상당히 호의적이어서 미국의 많은 노동조합이 항공관제사 노조의 파업을 지지하는 성명을 발표했습니다. 심지어 캐나다의 항공관제사 노조도 파업에 동참하기로 선언하면서 사태는 걷잡을 수 없이 커져만 갔습니다.

레이건 입장에서 집권 초기부터 노조와 등을 지는 것은 정치적으로 자살 행위나 다름없었지만, 그는 법대로 일을 풀어나가기로 결심했습니다. 항공관제사는 연방 정부에 고용된 근로자로서 공무원과 다를 바 없는 신분이었고, 법은 이들의 파업을 원칙적으로 금지했습니다.

레이건은 파업에 대비해 사전에 치밀한 준비를 해나갔습니다. 은퇴 관제사들과 고용계약을 맺어 파업이 발생하면 투입하기로 했고, 공군 관제사를 대기시켜 놓았습니다. 1981년 8월 3일 급기야 관제사 노조는 파업을 선언하고 레이건 행정부와의 투쟁을 선언했습니다. 그날 하루 동안에만 7,000여 편의 항공기 운항이 취소되어 미국 사회는 극심한 혼란으로 빠져들었습니다. 그러자 레이건 대통령은 곧바로 TV에 출연해 파업의 불법성을 국민에게 자세히 설명하며 만약 48시간

관제사 파업

내에 파업을 중단하지 않으면 전원 해고하겠다고 발표했습니다. 또한 해직 관제사들은 영구히 복직할 수 없도록 하겠다고 말했습니다.

레이건의 성명을 들은 관제사 노조원이나 일반 국민 중 대통령의 경고를 곧이곧대로 믿는 사람은 별로 없었습니다. 미국인 대부분은 레이건 역시 여느 정치인처럼 앞에서는 큰소리치다가 뒤로는 막강한 관제사 노조의 주장을 어느 정도 수용하면서 일을 마무리 지을 것이라 생각했기 때문입니다.

파업을 시작한 지 48시간이 지나자 레이건은 끝까지 직장으로 돌아오지 않은 관제사 1만 1,300여 명에게 해고 통지서를 보냈습니다. 또한 이들의 영구적인 복직 금지를 내용으로 하는 행정명령을 발동했습니다. 곧바로 은퇴 관제사를 현직에 복직시키고 공군 관제사를 민간 공항에 투입해 평상시의 80퍼센트 수준까지 항공기 운항을 유지했습니다. 미국 내 1만 7,000명의 관제사 중 단번에 1만 1,300여 명을 해고하는 레이건의 결단력에 사람들은 적지 않은 충격을 받았습니다.

이와 같이 레이건은 옳다고 믿는 일은 끝까지 밀어붙이는 강인한 성격의 소유자로서, 이전 정권의 카터 대통령과는 대조적이었습니다. 이 사건은 레이건이라는 강력한 리더십을 가진 대통령의 탄생을 알리는 시작이었고, 세계는 이전과 다른 미국을 마주하게 되었습니다.

대외 정책

철저한 현실주의자 레이건은 강력한 군사력 없이는 결코 평화가 존재할 수 없다고 판단하고 '군사력을 바탕으로 한 평화'를 선언했습니다. 그는 평화를 지키기 위해 전쟁을 준비했습니다. 1983년 3월 전략방위구상계획SDI 이른바 '스타워즈 계획'을 발표하면서 미국의 군사력을 대폭 강화할 것임을 전 세계에 알렸습니다.

레이건은 소련이 보유한 수만 개의 핵무기가 미국에 도달하기 전에 우주 공간에서 파괴하려는 스타워즈 계획에 많은 예산을 쏟기 시작했습니다. 소련은 그동안 모든 국력을 쏟아부어 만든 자국의 핵무기가 쓸모없어지게 될 것을 두려워한 나머지 미국의 스타워즈 계획을 무력화할 수 있는 신무기 개발에 나섰습니다.

미국은 기술력의 한계로 소련의 핵무기를 우주 공간에서 파괴할 수 있는 신무기 개발에 연달아 실패하고 있었습니다. 그러나 레이건 대통령은 영화배우 출신답게 미국 국민에게 스타워즈 계획이 순항 중이라고 연기하면서 소련을 궁지에 몰아넣었습니다.

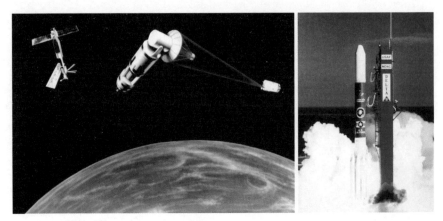

스타워즈 계획

소련은 세상에 존재하지도 않는 미국의 우주 방공망을 뚫을 수 있는 신무기 제조에 막대한 예산을 쏟아붓는 어리석음을 범했습니다. 소련 정부의 재정 상황은 급속도로 악화되었고, 결국 이는 공산정권이 몰락하는 원인 중 하나가 되었습니다.

공산주의 국가들을 군사력으로 누르는 외교정책을 펼친 레이건은 집권 기간 내내 소련을 포함한 모든 공산권 국가와 대결을 마다하지 않았습니다. 아시아 · 아프리카 · 중남미 등 공산주의와 맞서는 단체라면 자금과 군사 지원을 아끼지 않았고, 필요하면 직접 군사 행동에 나서기도 했습니다.

그레나다 침공

그레나다Grenada는 카리브해의 작은 섬나라입니다. 17세기 중반 프랑스 식민지가 된 이후 사탕수수 농장(플랜테이션대농장) 운영을 위해 아프리카 흑인 노예가 대거 유입되면서 흑인이 인구의 80퍼센트 이상을 차지했습니다. 18세기 후반부터는 영국 식민지가 되었다가 1974년 2월 독립에 성공했습니다. 독립 당시만 하더라도 영국의 입김이 강하게 미쳐 철저히 친서방* 위주의 외교정책을 펼쳤습니다.

1979년 그레나다의 공산주의 세력이 쿠데타를 일으켜 인민혁명정부라는 좌익 정권이 들어섰습니다. 인민혁명정부는 급진적인 세력과 온건한 세력으로 나뉘어져 치열한 경쟁을 벌였는데, 집권 초기에 권력을 잡은 세력은 모리스 비숍Maurice Bishop 총리를 필두로 한 온건 세력이었습니다. 온건파들은 가까운 거리에 있는 미국과 되도록 대립각을 세우지 않으려고 조심하며 점진적인 개혁을 추구했습니다.

그런데 이웃 국가 쿠바의 지도자 피델 카스트로가 나서면서 갈등이 생겨나기 시작했습니다. 소련을 등에 업은 카스트로는 그레나다를 쿠바와 같은 반미 공산국가로 만들기 위해 작업에 나섰습니다. 그는 카리브해 전역을 품에 두기 위한 첫걸음으로 그레나다에 허수아비 정권을 세우기로 마음먹었습니다. 이를 위해 급진 좌파 세

그레나다 위치

---

* 미국, 유럽 연합과 친밀하게 지내는 것.

력을 지원하면서 온건 좌익 정권을 붕괴시키도록 부추겼습니다.

1983년 10월 13일 급진파 허드슨 오스틴Hudson Austin 장군은 카스트로의 사주를 받아 쿠데타를 일으켜 온건파 정권을 붕괴시켰습니다. 모리스 비숍 외 60여 명의 고위 관료가 허드슨 오스틴에 의해 잔혹하게 처형되었고, 그레나다는 제2의 쿠바가 되고 말았습니다.

그레나다가 쿠바의 위성국가로 전락하자 카스트로는 득의양양했습니다. 그는 카터 행정부 당시 미국이 아무런 행동도 취하지 못했던 것처럼 이번에도 별다른 움직임이 없으리라 생각했습니다.

레이건은 카터와 달리 그레나다의 공산화를 막기 위해 무력을 사용하기로 결정하고 즉각적인 행동에 나섰습니다. 미국은 쿠바 정규군이 개입하는 것을 막기 위해 그레나다를 침공하기 얼마 전 중동 지역의 정세가 불안정해 평화 유지를 위해 군함 2척을 중동으로 파견하겠다는 성명을 발표했습니다. 미국 국민뿐 아니라 다른 나라 사람들도 별다른 의심 없이 미국 정부의 발표를 믿었습니다. 그러나 군함에는 그레나다를 공격하기 위한 군인들이 타고 있었고, 중동으로 향하던 군함은 방향을 바꿔 그레나다로 향했습니다.

1983년 10월 25일 오전 5시 2,000여 명의 최정예 해병대가 그레나다를 공격하면서 미국의 침략이 시작되었습니다. 카스트로는 미국의 침략에 대비해 건설 노동자로 위장한 700여 명의 군인을 그레나다에 파견했으며, 허드슨 오스틴 장군 역시 1,500명의 군대를 두고 있었습니다. 그러나 세계 최강인 미국 해병대는 불과 8일 만에 기선을 제압

미국의
그레나다 침공

하고 허드슨 오스틴 장군을 생포하는 데 성공했습니다.

불시의 일격을 받은 피델 카스트로는 격분했지만 미국과 전면전을 벌일 용기가 나지 않아 분노를 삼키며 지켜볼 수밖에 없었습니다. 그레나다 침공은 그동안 미국이 보여준 소극적인 태도 대신 국익을 위해서라면 무력 행사도 불사하겠다는 신호탄이었습니다.

레이건은 그레나다에 친미 정부를 세울 때까지 미군을 주둔시키며 좌익 세력이 발붙일 수 없도록 했습니다. 미국이 주권국가인 그레나다를 무력으로 침공한 것에 대해 전 세계가 강력히 비판했지만 레이건은 아랑곳하지 않았습니다.

이란 – 콘트라 사건

1979년 호메이니의 이란혁명 이전까지만 해도 이란과 미국은 강력한 동맹국이었습니다. 이란의 집권 세력이었던 팔레비 왕조는 노골적인 친미 정책을 취하며 미국과 긴밀한 관계를 유지했습니다. 그러나

이라크 대통령 사담 후세인

강력한 반미주의자 호메이니가 권력을 잡으면서 두 나라는 한순간에 원수가 되어 으르렁거리는 사이로 변했습니다. 그렇다고 해서 미국이 관계 악화를 이유로 이란을 공격하기란 쉽지 않았습니다. 이란은 팔레비 왕조 시절 미국으로부터 구입한 첨단 무기를 대량으로 보유하고 있어 쉽게 정복할 수 있는 나라가 아니었습니다.

1980년부터 미국은 이란의 호메이니 정권을 괴롭히는 데 이웃나라 이라크를 적극 활용했습니다. 이라크 대통령 사담 후세인Saddam Hussein을 부추겨 이란과 대리전을 치르도록 유도했습니다. 레이건 행정부는 이라크에 막대한 자금과 무기를 대주면서 이란과의 전쟁에서 밀리지 않게 도와주었습니다.

1983년 레바논의 이슬람 무장 단체인 헤즈볼라Hezbollah*에 미국인 6명이 인질로 잡히면서 일이 꼬이기 시작했습니다. 미국인 인질 중에는 CIA 레바논 베이루트 지부장이 포함되어 있어 미국 정부로서는 반드시 이들을 구출해야 하는 상황이었습니다. 이때 미국 정부는 원수 관계였던 이란을 이용하는 특이한 계획을 세웠습니다.

미국은 이란이 헤즈볼라에 지대한 영향을 미치고 있다는 사실을 이

---

* 레바논의 이슬람 시아파 무장 세력. 미국과 이스라엘을 대상으로 테러를 벌여 왔다.

용해서 이란에 미국제 최신 무기를 판매하는 조건으로 이란이 미국인 인질 석방에 앞장서도록 만들었습니다. 그러나 이란에 무기를 판매하는 것 자체가 법으로 엄격히 금지되었기 때문에 레이건 행정부는 모든 일을 비밀리에 수행했습니다.

이 작전의 실무를 맡았던 사람은 국가안보국NSA 소속 엘리트 장교 올리버 노스Oliver North

이슬람 무장 단체 헤즈볼라

해병대 중령이었습니다. 노스 중령은 수천 발의 미국제 첨단 미사일을 이란으로 보내고 그 대가로 미국인 인질을 데리고 왔습니다.

미국이 이라크를 부추겨 전쟁을 일으킨 마당에 이란을 지원하는 것은 도리에 맞지 않을 수도 있지만, 사실 미국으로서는 손해 볼 것이 하나도 없는 거래였습니다. 이라크와 이란 양측에 미제 무기를 나눠 주고 전쟁을 부추겨서 중동의 강국이던 두 나라의 힘을 동시에 빼놓을 수 있었기 때문입니다.

미국의 바람대로 이란과 이라크는 미국이 제공한 무기로 무려 8년 동안이나 참혹한 전쟁을 이어갔습니다. 미국과 이란 정부는 서로 악마라고 부르며 결코 상종할 수 없는 원수인 것처럼 보였지만, 뒤로는 은밀한 협조 관계를 유지하고 있었습니다.

올리버 노스 중령

레이건 행정부는 이란에 무기를 판 대가로 받은 돈을 중앙아메리카 니카라과의 우익 반군을 지원하는 데 사용하며 또 다른 불법행위를 저질렀습니다. 니카라과는 원래 중미의 대표적인 친미 국가였지만 1979년 좌익 세력이 집권하면서 미국의 품을 벗어났습니다. 레이건 행정부는 공산주의의 확산을 막으려는 목적으로 우익 반군 세력인 콘트라Contra[*]에 무기와 자금을 지원하기로 결정하고, 이를 위한 모든 자금은 이란에 불법으로 판매한 무기 대금으로 충당했습니다. 미국 내 어떤 언론기관도 그런 사실을 눈치채지 못했고, 레이건 행정부는 완전 범죄를 확신했습니다. 그러나 비밀은 오래가지 못했습니다.

1986년 11월 3일 레바논의 한 유력 신문사가 인질 석방을 조건으로 미국이 이란 정부에 무기를 몰래 판 사건을 특종 보도했습니다. 더구나 니카라과에서 반군에게 무기를 공급해주던 CIA 요원이 니카라과 정부에 체포되면서 레이건 행정부는 발뺌할 수 없이 궁지에 몰렸습니다.

---

* 니카라과의 반혁명 친미 게릴라 세력. 혁명으로 탄생한 산디니스타 좌익 정권에 대항했다.

콘트라 사건으로
궁지에 몰린 레이건

　사실 이 사건은 과거 닉슨 대통령을 하야로 몰아넣은 워터게이트[*]
보다 더 큰 사건이었습니다. 민주당이 장악하고 있던 미국 의회는 특
별조사위원회를 구성하고 청문회를 열어 진상을 철저히 파헤치려고
했습니다. 그러나 청문회에 불려 나온 노스 중령이 모든 책임을 뒤집
어쓰면서 민주당은 진실의 실체에 한 발짝도 다가서지 못했습니다.

　특히 사건의 모든 진실을 알고 있던 노스 중령은 청문회에 나와
"호메이니의 주머니를 털어 니카라과의 친미 우익 전사를 도운 것이
무슨 잘못이냐?"라고 당당히 말하면서 사죄는커녕 국가를 위해 모든
일을 자신이 주도했다고 주장했습니다. 이란-콘트라 사건을 빌미로
레이건을 대통령직에서 몰아내려고 했던 민주당의 당초 계획도 틀어
지고 말았습니다.

---

[*] 1972년 6월 미국 대통령 선거를 앞두고, 닉슨 측이 재선을 위해 민주당 선거운동 본부가 있는 워싱턴시의 워터게이트 호텔을
도청하려다 발각된 사건. 이 사건으로 닉슨은 임기 도중 대통령직에서 물러났다.

이란-콘트라 사건이 터지자 레이건은 국민을 향해 "나는 이 일에 대해 전혀 알지 못했다"라고 발뺌했습니다. 그러나 노스 중령이 의회 청문회에서 모든 책임을 뒤집어쓰는 모습에 마음을 고쳐먹고 이듬해 인 1987년 모든 것이 국정 최고 결정권자인 자신의 책임이라며 잘못을 시인했습니다.

두 사람이 죄를 시인하자 그동안 부정적이었던 여론이 레이건에게 유리하게 돌아가기 시작했습니다. 이란-콘트라 사건은 레이건이 사리사욕을 채우기 위해 저지른 것이 아니라, 미국의 국익을 위해 저지른 것이라는 공감대가 확산되었습니다. 그 바람에 레이건은 탄핵을 면하고 임기를 끝까지 채울 수 있었습니다.

레이거노믹스

레이거노믹스Reaganomics란 레이건Reagan과 이코노믹스economics, 즉 레이건과 경제라는 단어의 복합어입니다. 1981년 레이건이 카터 행정부로부터 정권을 이양받았을 당시, 미국 경제는 1929년 경제 대공황 이후 최악의 국면을 걷고 있었습니다.

레이건은 가파르게 오르는 물가를 잡아야 하는 동시에 넘쳐나는 실업자에게 일자리를 제공해야 했습니다. 이 가운데 어느 하나도 쉬운 일이 아니었습니다. 레이건은 기본적으로 정부가 국민에게 세금을 거두어서 복지에 쓰는 것보다, 국민과 기업이 각자의 소득을 필요한 곳에 쓰는 것이 효율적이라고 판단해 집권하자마자 대규모 감세 정책을 펼치기 시작했습니다.

대공황을 극복하기 위해 복지 정책을 펼친 프랭클린 루스벨트 집권 이후, 미국 정부의 지출 규모가 끊임없이 커지면서 국민의 조세 부담은 해마다 증가했습니다. 그러나 레이건은 대규모 감세 정책으로 세금을 적게 거두어들이면 국민이 이전보다 더 많이 소비하고, 이에 발맞추어 기업들은 생산량을 늘릴 것이라 생각했습니다. 생산량을 늘리기 위해 기업들이 투자를 시작하면 자연스럽게 일자리가 늘어나 실업률이 감소하는 선순환이 생길 것으로 기대했습니다.

레이건이 국민의 소득세 부담을 대폭 줄여주자, 예상대로 이전보다 소비가 늘어나면서 지지부진하던 미국 경제에 생기가 돌기 시작했습니다. 기업들은 수요가 늘고 재고가 감소함에 따라 앞다투어 투자를 확대하면서 고용을 늘려 나갔습니다.

1981년 레이건 집권 당시 7.6퍼센트에 이르던 높은 실업률은 1989년 퇴임할 때 5.5퍼센트로 안정되었습니다. 이 기간에 무려 1,700만 개의 새로운 일자리가 만들어지며 수많은 사람이 새로이 일자리를 가질 수 있게 되었습니다. 이는 해마다 200만 개 이상의 새로운 일자리가 생겨났음을 의미합니다.

레이건 집권 기간 실질 경제성장률도 이전 정권보다 훨씬 높아 미국의 경제 규모는 계속 커졌습니다. 레이거노믹스는 정부의 간섭을 최소화해 민간의 경제 영역을 활성화하려는 목적으로 추진되어 적지 않은 성과를 이룩했습니다.

레이거노믹스는 성공에 버금가는 짙은 그림자도 드리웠습니다. 대규모 소득세 감세로 소득이 많은 부유층과 중산층에는 커다란 혜택이 돌아갔지만 소득이 적은 서민이나 빈곤층에는 별다른 혜택이 돌아가지 않았습니다. 따라서 조세 감면 조치는 부유할수록 더 큰 혜택을 볼 수 있는 정책이었고, 이는 소득 양극화 문제를 불러왔습니다. 결과적으로 레이거노믹스는 부유층 위주의 정책으로 흘러갔습니다.

레이건 행정부는 연방 정부의 세금 수입이 줄어들자 제일 먼저 사회복지 지출을 억제해 경제적 약자에게 돌아가던 혜택부터 줄였습니다. 빈민을 위한 복지 제도인 무료 식품교환권, 생활보조비 지급, 의료 지원, 아동 무상급식 등에 대한 예산이 대폭 삭감되었으며, 복지 혜택을 받을 수 있는 자격 조건이 강화되었습니다. 미국 내 경제적 약자들은 예전보다 훨씬 열악한 환경에서 빈곤에 시달려야 했습니다.

더구나 레이건은 악의 제국이라 생각한 소련과의 군비 경쟁에서 승리하기 위해 매년 20퍼센트 이상 국방비를 늘렸습니다. 세금 수입이 줄어든 상태에서 국방비를 크게 늘림으로써 재정 적자가 대폭 늘어나게 되었습니다. 취임 첫해 9,100억 달러에 불과하던 재정 적자는 퇴임

대규모 감세 정책을
발표하는 레이건

경제적 약자들에게는 불리하게 작용한 감세 정책

시 무려 2조 6,000억 달러로 미국 정부는 빚더미에 앉게 되었습니다.

레이건 재임 기간을 일컬어 '부채의 시대'라고 부를 정도로 정부 부채가 폭발적으로 증가하여 오늘날까지 미국 정부는 부채의 늪에서 벗어나지 못하고 있습니다. 레이거노믹스의 성공 여부 평가는 오늘날에도 논란이 따르고 있습니다.

위대한 소통자

미국인들은 레이건을 두고 '위대한 소통자'라 불렀습니다. 그가 끊임없이 야당과 국민을 향해 소통하려고 했기 때문에 생겨난 말입니다. 레이건은 신념이 뚜렷한 사람이었지만 그렇다고 자신의 생각을 남에게 일방적으로 강요하는 독재자 스타일은 결코 아니었습니다. 상대방이 공감할 때까지 계속해서 설득했을 정도로 소통을 중시했습니다. 취임 직후 레이건은 총인원 535명의 상원 의원과 하원 의원 중 무려 467명의 의원들을 49차례에 걸쳐 백악관으로 초청했습니다.

레이건은 평소 상대방의 마음을 사로잡기 위해 아주 적절한 유머를 구사했습니다. 위트가 가득하고 여유 있는 그의 유머는 듣는 이로 하여금 자연스러운 웃음을 자아냈습니다. 또한 레이건은 아랫사람들을 편하게 만드는 데도 일가견이 있었습니다. 1981년 3월 총기 저격 사건 당시 병원으로 실려 가는 차에서 비서들이 겁에 질려 어쩔 줄 몰라 하자, 레이건은 "내가 예전처럼 영화배우였다면 날아오는 총알을 충분히 피할 수 있었을 걸세"라는 우스갯소리로 상대방을 안심시켰습니다. 또한 측근들이 지지율이 떨어진다고 고민할 때 레이건은 "지지율 걱정은 하지 말게나. 다시 총 한 방 맞으면 깨끗이 해결될 테니"라고 응답하곤 했습니다.

1984년 레이건은 재선에 나섰습니다. 민주당 대선 후보 월터 먼데일Walter Mondale과 TV 토론회에서 맞붙게 된 레이건은 이미 73세의 고령이었고 오랜 시간 서 있는 것이 큰 고역이었습니다. 이로 인해 1차 TV 토론회 때 피곤한 기색을 드러내며 힘들게 토론회를 마쳤습니다.

월터 먼데일 후보는 1차 TV 토론회를 분석하면서 레이건이 늙고 힘없는 노인에 불과하다는 것을 간파하고 이 사실을 다음번 청문회에서 무기로 사용하기로 마음먹었습니다. 2차 TV 토론회가 시작되자 월터 먼데일 후보는 레이건을 향해 "대통령을 한 번 더하기에는 너무 나이가 많고 늙지 않았습니까?"라고 독설을 퍼부었습니다. 그런 모욕에도 레이건 대통령은 화를 내거나 당황하지 않고 얼굴에 미소를 띤 채 응수했습니다.

"저는 이번 선거에서 나이를 쟁점으로 삼지 않겠습니다. 다시 말해

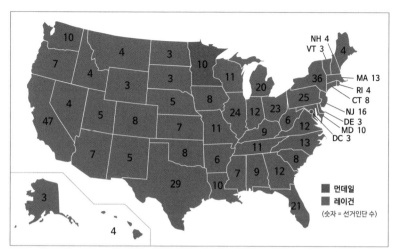

NH 4				
VT 3				

먼데일과의 대선에서 압승을 거둔 레이건

월터 먼데일 후보가 대통령이 되기에는 너무 어리고 경험이 없다는 사실을 정치적으로 이용하지 않겠다는 말입니다."

TV 토론회를 지켜보던 유권자들은 유머러스한 대꾸를 한 레이건에 호감을 가진 반면, 나이를 물고 늘어진 상대방 후보에 대해 반감을 가지게 되었습니다. 결국 대선에서 월터 먼데일은 50개 주 가운데 자신이 속한 미네소타주를 제외한 49개 주에서 패배하며 톡톡히 망신을 당했습니다.

레이건의 재치는 외교 분야에서도 빛을 발했습니다. 레이건 집권 기간 내내 소련의 경제 상황은 최악으로 치달았습니다. 공산주의 경제체제의 구조적 모순으로 인해 소련 국민은 만성적인 생활필수품 부족에 허덕였습니다. 이로 인해 정부에 대한 불만이 계속 쌓이며 혁명의 기운이 감돌았습니다. 이에 레이건은 소련 공산당 서기장 미하일 고르바초프Mikhail Gorbachev를 만난 자리에서 그가 처한 위태로운 상황을 알려주고자 이야기 하나를 꺼냈습니다.

"모스크바의 한 시민이 식료품을 배급받으려고 가게 앞에 줄을 섰는데, 줄이 너무 길어 화가 머리끝까지 치밀었지요. 그는 큰 소리로 '이 모든 것이 무능한 고르바초프 탓이다. 나는 지금 고르바초프를 죽이러 간다'라고 외치며 어디론가 사라졌습니다. 그런데 얼마 후 그 사람이 씩씩거리며 다시 돌아와 줄을 섰습니다. 사람들이 그에게 '고르바초프를 죽였는가?'라고 묻자 그는 한숨을 깊게 쉬며 '말도 마시오. 그곳의 줄은 여기보다 최소한 두 배는 더 길었소'라고 했답니다."

레이건의 이야기를 들은 고르바초프는 쓴웃음을 지으면서 깊은 생각에 잠겼습니다. 훗날 고르바초프는 개혁과 개방 정책을 이끌며 소련을 공산주의로부터 해방시켰습니다. 레이건은 상대방을 기분 나쁘지 않게 하면서 의사를 표현하고 설득하는 능력의 소유자였습니다.

소련 공산당 서기장
미하일 고르바초프와의 만남

마지막 편지

1989년 1월 레이건은 8년의 임기를 끝으로 대통령직에서 물러났습니다. 퇴임 당시 레이건에 대한 국민의 지지율은 63퍼센트에 이르렀습니다. 이 수치는 역대 최고치를 기록한 4선 대통령 프랭클린 루스벨트의 지지율 66퍼센트에 거의 도달한 수준이었습니다. 공화당인 레이건 대통령에 대한 국민의 뜨거운 사랑 덕분에 같은 공화당 소속 후보 조지 H. W. 부시George H. W. Bush는 별다른 어려움 없이 차기 대통령에 당선될 수 있었습니다.

레이건은 퇴임 후 5년 뒤인 1994년 노인성치매의 일종인 알츠하이머병에 걸려 미국인들에게 적지 않은 충격을 주었습니다. 이 병에 걸리면 뇌세포가 점차 파괴되면서 기억력 상실은 물론 제대로 걸을 수 없고 말할 수도 없게 됩니다.

레이건은 살아생전 가족을 포함해 국민을 향해 무려 2만여 통의 편지를 보냈을 정도로 편지쓰기를 좋아했습니다. 그는 자신이 알츠하이머병에 걸렸다는 사실을 알게 되자 국민을 향한 마지막 편지를 보냈습니다.

'저는 최근 알츠하이머병 진단을 받았습니다. 국민에게 알려야 하나 고민했지만 사실대로 알림으로써 알츠하이머병에 대한 사회적 관심을 환기할 수 있다고 생각했습니다. 이제 저는 인생의 마지막 여정을 떠나려고 합니다. 이 병은 가족에게 견디기 힘든 고통을 줍니다. 앞으로 사랑하는 아내 낸시가 짊어져야 할 무거운 짐을 제가 조금이라도 덜어주었으면 하는 것이 살아생전 저의 마지막 바람입니다.'

레이건이 보낸 마지막 편지를 전해 들은 수많은 미국인의 눈에는 안타까움의 눈물이 맺혔습니다. 이후 레이건은 알츠하이머병으로 일생 동안 그가 이룩한 위대한 업적들을 기억 속에서 하나씩 잊어버렸습니다. 병세가 악화되면서 스스로 먹을 수도 없고 말을 할 수도 없었습니다. 그는 자식조차 잊었지만 오로지 아내 낸시만큼은 죽는 순간까지 알아보고 의지했다고 합니다.

2004년 6월 5일 레이건은 10년간의 긴 투병 생활을 끝내고 93세의 나이로 세상을 떠났습니다. 그의 서거에 조의를 표하기 위해 조지 워커 부시 대통령은 모든 관공서에 조기를 게양하도록 지시했습니다. 장례식이 국장으로 치러지면서 전 국민이 고인을 애도했습니다.

레이건은 쓰러져 가던 미국 경제를 일으켰고, 소련과의 군비 경쟁에서 승리를 거두면서 소련이 몰락하는 데 지대한 영향을 미쳤습니다. 그가 추진한 공산주의 말살 정책으로 인해 국방비가 폭발적으로

병마와 싸우는 레이건

늘어나 국민에게 부담을 주
었지만, 소련을 필두로 한 공
산권 국가들이 미국과의 군비
경쟁에 나서면서 결국 몰락의
길을 걷도록 했습니다.

레이건 대통령 임기 말기부
터 붕괴되기 시작한 공산권은
1991년 공산주의 종주국 소
련이 역사의 뒤안길로 사라지
면서 최종적으로 미국의 승리
로 막을 내렸습니다.

레이건의 장례식

또한 레이건은 비관주의가 팽배하던 당시 미국 사회에 새로운 활력
을 불어넣고 희망을 줌으로써 미국을 다시 초강대국의 반열에 올려놓
았습니다. 미국 국민은 그를 잊지 않기 위해 공항이나 항공모함 등 수
많은 곳에 레이건의 이름을 붙이며 마음속으로 기리고 있습니다.

★

주지사가
될 수 있겠습니까?

미국에는 대통령이 국내외 정책을 추진하는 데 도움을 주는 수많은 싱크탱크가 있어 최상의 정책이 선택되는 경우가 많다. 또한 미국은 세계 최고로 과학기술이 발달한 나라 가운데 하나이다. 컴퓨터, 인터넷, 스마트폰 등 인류의 생활에 지대한 영향을 준 기기들은 대부분 미국에서 개발되었다.

로널드 레이건은 이러한 조건에서도 조앤 퀴글리라는 점성술사에게 국정 운영을 의지하면서 논란을 불러왔다. 조앤 퀴글리는 캘리포니아에서 명성을 날리던 점성술사로, 방송에도 많이 출연해 미국인들에게 얼굴이 제법 알려진 인물이었다.

점성술사와 레이건의 인연은 그가 캘리포니아 주지사에 출마한 1966년으로 거슬러 올라간다. B급 배우 출신 레이건은 주지사 선거에 출마한 후 당선을 확신할 수 없어 점성술사에게 자신의 미래에 대해 물었다. 점성술사는 레이건의 별자리를 관찰하더니 주지사는 물론 대통령도 충분히 될 수 있는 운명이라는 점괘를 내놓았다.

점성술사의 예언대로 레이건은 주지사 선거에서 당선되었고 이후 승승장구하며 1980년 대통령 선거에서도 승리를 거두었다. 그후로도 점성술사는 끊임없이 레이건 대통령에게 조언하며 그의 행동에 적지 않은 영향을 미쳤다.

1981년 1월 대통령에 취임한 레이건은 미국이 나아갈 길을 찾기 위해 수많은 사람들에게 조언을 구했다. 그때 점성술사는 3월 30일 힐튼 호텔 모임에 절대로 나가지 말라는 경고를 했다. 레이건은 이미 잡혀 있는 약속을 깰 수 없어 점성술사의 말을 듣지 않았다. 그날 레이건은 암살자가 쏜 흉탄에 맞았다. 이를 계기로 레이건은 점성술사의 예언에 더욱 의지하게 되었다.

레이건은 점성술사에게 매달 3,000달러의 보수를 지급하고 필요할 때마다 전화를 걸어 조언을 구했다. 점성술사는 개인적인 문제뿐만 아니라 대외 관계 등 국정 운영에도 개입하면서 국가에 막대한 영향력을 미쳤다. 심지어 레이건은 대통령 전용기의 이착륙도 점성술사의 조언을 받아 결정했다.

1988년 레이건 대통령의 비서실장을 지냈던 도널드 리건이 모든 사실을 폭로하면서 레이건은 궁지에 몰렸다. 당시 미국인들은 수많은 전문가 대신 국정 운영에 아무런 경험이 없는 점성술사가 초강대국인 미국을 이끌어왔다는 사실에 경악했다.

여론이 악화되자 레이건은 점성술사의 도움을 받은 것은 사실이지만 오직 사적인 일에만 도움을 받았을 뿐, 국정 운영과는 무관하다는 해명을 내놓았다.

얼마 후 점성술사 조앤 퀴글리는 방송에 출연해 스스로 국정 운영에 깊숙이 개입했다고 실토했고, 레이건 대통령의 입장이 난처해졌다. 레이건은 국정 운영을 뒷받침하는 싱크탱크를 외면한 채 점성술사에 의존해 나라를 이끌었다는 불명예를 얻게 되었다.

1991년
소련,
해체

1993년
빌 클린턴
대통령 취임

1994년
북한,
김일성 사망

팔레스타인,
자치정부 출범

1997년
한국,
IMF 사태

영국,
홍콩을 중국에 반환

Bill Clinton

미국의 중흥을 이끈

빌 클린턴

미국 제42대 대통령 (1993~2001) ●
정보 기술 강국으로 변화하는 미국을 주도하며 몰락해가던 미국 경제를
되살리고, 중동 등 세계 평화에 앞장섰다. 퇴임 후에는 아이티와 제3세
계 국가들의 경제와 정치 부문에서 원조를 이끌며 모범이 되고 있다.

네 명의 아버지

빌 클린턴은 1946년 8월 미국 남부 아칸소주 호프라는 한적한 시골 마을에서 태어났습니다. 원래 클린턴의 이름은 윌리엄 제퍼슨 블라이드William Jefferson Blythe 3세였습니다. 외판원이던 아버지 블라이드 2세는 아들이 태어나기 석 달 전에 자동차 사고로 세상을 떠났습니다. 블라이드 3세가 태어나자마자 어머니 버지니아 캐시디Virginia Cassidy는 간호사가 되기 위해, 어린 아들을 자신의 부모에게 맡긴 후 뉴올리언스로 떠났습니다.

당시까지만 하더라도 미국 남부는 극심한 인종차별이 판을 치고 있었지만, 조그만 마트를 운영하던 블라이드 3세의 외할아버지는 백인으로서는 드물게 흑인을 존중해주던 선량한 사람이었습니다. 외할아버지의 영향으로 블라이드 3세는 동네에서 유일하게 흑인과 어울려 노는 백인 아이가 되었습니다.

1950년 간호사 공부를 마치고 고향으로 돌아온 블라이드 3세의 어머니는 로저 클린턴Roger Clinton과 재혼했습니다. 이를 계기로 윌리엄 제퍼슨 블라이드 3세의 이름은 빌 클린턴Bill Clinton으로 바뀌었습니다.

케네디를 만난 클린턴

　자동차 판매원이던 로저 클린턴은 노름꾼에 알코올의존증이 있었습니다. 그는 수시로 아내와 자식에게 폭력을 행사하며 가족에게 큰 상처를 주다가 1967년 암으로 세상을 떠났습니다. 그로부터 2년 후 빌 클린턴의 어머니는 제프 드와이어Jeff Dwyer와 재혼했습니다. 1974년 세 번째 남편이 사망하자 이번에는 딕 켈리Dick Kelly라는 남자와 결혼해 새 가정을 꾸렸습니다.

　여러 차례 반복된 어머니의 결혼으로 빌 클린턴은 안정된 가정환경을 경험하기 힘들었습니다. 그나마 좋은 외할머니와 외할아버지가 있어서 다행히 그들의 영향을 많이 받았습니다. 외할머니는 손자를 건강하고 책 읽기 좋아하는 모범적인 소년으로 길렀습니다. 인종차별 없는 삶을 몸소 실천한 외할아버지는 손자와 친구처럼 지내려고 노력하며 손자가 무슨 이야기를 하든지 전부 들어주었습니다. 클린턴은 외할아버지를 통해 남의 이야기를 잘 경청하고 공감하는 사람으로 성장했습니다.

평범하지 않은 가정환경에서도 클린턴의 학교 성적은 타의 추종을 불허했습니다. 명석한 두뇌에 끊임없이 노력하는 성실함을 가진 클린턴은 아칸소주 전체에서 가장 성적이 좋은 학생이었습니다. 고교 시절 아칸소주 대표로 뽑혀 백악관으로 초청되어 존 F. 케네디 대통령을 만나는 영광을 누리기도 했습니다. 백악관 방문을 계기로 클린턴은 훌륭한 정치인이 되는 것을 인생의 목표로 삼았습니다.

케네디 대통령과 함께 클린턴의 인생에 큰 영향을 준 사람은 바로 마틴 루서 킹Martin Luther King 목사였습니다. 1954년 미국 남부 앨라배마주 몽고메리에서 목회 활동을 시작한 킹 목사는 흑인 인권 운동의 아버지로서 절대적인 존경을 받은 사람입니다. 어릴 적부터 동네 흑인 아이들과 함께 뛰어 놀았던 클린턴은 흑인도 백인과 다를 것 없는 인간이라고 믿었기에 마음속으로 늘 킹 목사를 존경했습니다.

킹 목사는 인도의 간디처럼 비폭력주의에 입각해 흑백 간의 통합을 이루려고 했습니다. 그러나 백인 입장에서 보면 그는 백인 우위의 기존 질서에 저항하는 세력에 지나지 않았습니다.

1963년 마틴 루서 킹 목사는 워싱턴 D.C.에서 "나에게는 꿈이 있습니다. 조지아주의 붉은 언덕에서 노예의 후손들과 노예 주인의 후손들이

미국의 인권 운동가 마틴 루서 킹

형제처럼 손을 잡고 앉게 되는 꿈입니다. 나에게는 꿈이 있습니다. 내 아이들이 피부색을 기준으로 사람을 평가하지 않고 인격을 기준으로 사람을 평가하는 나라에서 살게 되는 꿈입니다"라고 역사에 길이 남는 명연설을 했습니다. 클린턴은 이 연설을 듣고 킹 목사가 꿈꾸는 미국을 위해 동참하겠다는 결심을 했습니다.

정치에 입문한 클린턴

정치인을 꿈꾸던 클린턴은 고교 졸업 후 미국 동부에 몰려 있는 아이비리그에 진학하는 대신 수도 워싱턴 D.C.에 있는 조지타운대학교 외교학과에 진학했습니다. 이 대학교는 로마 가톨릭에서 세운 대학으로 개신교 신자였던 그와 맞지 않는 면이 있었지만 클린턴은 백악관과 의회가 있는 정치 중심지에서 지내고 싶었습니다. 그는 조지타운대학교에서도 경쟁자가 없을 정도로 뛰어난 학생이었고 대학 졸업을 앞둔 1968년 로즈장학금*을 받는 장학생으로 선발되어 영국 유학길에 올랐습니다.

영국의 명문 옥스퍼드대학교는 1903년부터 전 세계에서 90명을 장학생으로 선발해 2년 동안 전액 무료로 교육하는 장학제도를 운영하고 있습니다. 로즈장학생이 되려면 성적 · 건강 · 리더십 · 봉사 활동 등 모든 분야에서 탁월해야 하기 때문에 선발되기가 하늘의 별 따기처럼

---

* 로즈장학재단이 영연방, 미국, 독일 등에서 옥스퍼드대학교에 유학할 학생을 선발해 제공하는 장학금.

조지타운대학교

힘듭니다. 해마다 미국인 중에서 32명만이 최종 선발되는 영광을 누리기 때문에 로즈장학생으로 선발되는 것 자체가 미국 사회에서는 엘리트로 성공하는 지름길로 여겨집니다.

클린턴이 로즈장학생으로 영국에서 유학하는 동안 미국은 베트남 전이라는 수렁 속에서 헤매고 있었습니다. 수많은 젊은이가 징집되어 베트남 전선으로 보내졌지만 클린턴은 유학을 하고 있었기 때문에 징집을 면했습니다.

1970년 옥스퍼드대학교에서 학업을 마치고 예일대학교 로스쿨에 진학한 클린턴은 그곳에서 훗날 아내가 되는 힐러리 로댐Hillary Rodham을 만났습니다. 시카고 교외의 평범한 중산층 가정에서 태어난 힐러리는 어릴 적부터 정치적 야심이 남다른 여성이었습니다. 1965년 미국 최

힐러리 로뎀

고의 명문 여대인 웰즐리대학교 정치학과에 진학한 힐러리는 학생회장을 지내는 등 남 앞에 나서기를 유난히 좋아했습니다. 클린턴은 예일대 로스쿨에서 같은 수업을 듣던 1년 선배 힐러리에게 반해 귀찮을 정도로 따라다닌 끝에 마침내 결혼에 성공했습니다.

1973년 로스쿨 졸업 후 고향으로 돌아온 클린턴은 27세 나이에 아칸소대학교 법학과 교수로 있으면서 정치권에 진입할 기회를 호시탐탐 노렸습니다. 당시 클린턴은 고향인 아칸소를 출세의 발판으로 이용하려고 했습니다. 그는 고향에서 연방 하원 의원에 당선되면 곧바로 워싱턴 D.C.로 이주해 중앙 정치의 세계에 몸담으려고 했습니다.

이듬해인 1974년 클린턴은 28세라는 젊은 나이에 연방 하원 의원에 도전했지만 세상물정 모르는 어린 후보를 지지하는 사람은 많지 않았습니다. 첫 번째 도전에 실패한 클린턴은 워싱턴 D.C.로 진출하려는 생각을 접고 아칸소에서 정치 경력을 쌓기로 결심했습니다.

1976년 클린턴은 서른 살의 나이에 아칸소주 검찰총장 선거에서 당선됨으로써 공직에 첫발을 내딛었습니다. 2년 뒤인 1978년에는 32세 나이에 아칸소 주지사로 선출되어 미국 역사상 최연소 주지사가 되었습니다. 젊고 패기 넘치던 클린턴의 주지사 생활은 그를 뽑아준 지지자들의 바람과는 달리 순탄치 않았습니다. 주지사를 하기에는

주지사 시절 카터와 만난
클린턴

세상 경험이 적었던 그는 임기 내내 시행착오를 반복했습니다. 결국 1980년 재선에 실패함으로써 정치 인생의 기로에 서게 되었습니다.

클린턴은 포기하지 않고 1982년 다시 주지사 선거에 도전해 성공했습니다. 그는 주지사 생활 동안 혼신의 힘을 다해 그동안 낙후되었던 아칸소주를 크게 발전시켰습니다. 아칸소주가 살기 좋은 곳으로 바뀌자 주민들은 전폭적으로 그를 지지하기 시작했습니다. 이후 클린턴은 1992년 대선에 출마할 때까지 실시된 주지사 선거에서 모두 당선되며 승승장구했습니다. 그리고 1992년 실시되는 제42대 대통령 선거에 출마했습니다.

경제문제를 내세운 구호

1992년 클린턴이 대선에 도전장을 내밀었을 때, 그의 승리를 점치는 사람은 그리 많지 않았습니다. 중앙 정치 경험이 없었기 때문에 아칸소주를 제외하면 그를 아는 사람이 거의 없던 상황에서 대선에 출마한 일은 무모함에 가까웠습니다.

더구나 당시 공화당 후보였던 조지 허버트 워커 부시George H. W. Bush 대통령은 전형적인 미국 상류층으로서 현직 대통령이라는 기득권을 가지고 있었습니다. 미국 국민은 현직 대통령이 큰 잘못을 저지르지 않는 이상 재선까지 지지해주는 경우가 많았기 때문에 클린턴은 한층 힘든 싸움을 벌여야 했습니다.

1992년 1월 일본을 공식 방문한 부시 대통령이 일본 총리가 주최한 만찬장에서 쓰러지는 일이 있었습니다. 이 일이 클린턴에게 유리한 분위기를 만들었습니다. 당시 부시 대통령은 일본 총리 무릎에 구토를 하며 졸도했고, 영부인 바버라 부시Barbara Bush 여사가 만찬 테이블에 있던 냅킨을 허겁지겁 집어 들고 쓰러진 부시의 입을 닦아내는 모습이 방송을 통해 미국 국민에게 고스란히 전달되었습니다.

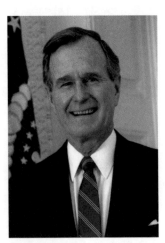
조지 H. W. 부시

미국 국민은 세계에 우뚝 서야 한다고 믿는 미국의 대통령이 힘없이 쓰러지는 모습을 보이자 불안해했습니다. 고령인 부시 대통령이 임기 중 세상을 떠날 경우 미국에 불어닥칠 위기를 우려한 국민은 46세의 젊은 클린턴에게 마음을 주기 시작했습니다. 더구나 부시 대통령 시절 미국 경제는 극심한 침체를 겪고 있었고, 이 점

쓰러진 부시

도 부시의 지지율을 갉아먹는 원인이 되었습니다. 당시 미국인이 가장 중요시하는 국민소득 증가율은 0퍼센트였으며 실업률은 10퍼센트를 넘어 1,000만 명이 넘는 실업자가 일자리를 찾아 헤매고 있었습니다. 게다가 재정 적자는 3,000억 달러가 넘어 부시에게 커다란 정신적 압박을 주고 있었습니다. 이는 제2차 세계대전 이후 집권한 9명의 대통령 가운데 최악의 실적이었습니다.

위기감을 느낀 부시 대통령은 클린턴이 시골뜨기에다 중앙 정치 무대에 서본 경험이 없어 외교 문제에 무지하다고 주장하면서 그를 매섭게 몰아붙였습니다. 이에 클린턴은 부시의 건강 문제를 집요하게 물고 늘어지며 방어에 나섰습니다. 특히 부시 행정부의 경제정책 실패를 부각하기 위해 "바보야, 중요한 건 경제야It's the economy, stupid"라는 구호를 만들어 선거 기간 내내 경제 문제를 부각시켰습니다.

당시 유권자들의 최대 관심사는 경제 문제였기 때문에 클린턴의 구호는 엄청난 힘을 발휘했습니다.

로스 페로

1992년 겨울에 치러진 대선에서 클린턴에게 다시 생각지도 못한 행운이 찾아왔습니다. 미국에서는 민주당과 공화당 양당제 전통이 뿌리 깊어 제2차 세계대전 이후 제3의 후보가 등장해 선거에 영향을 미치는 경우는 없었습니다. 양당 후보가 돌아가며 백악관을 차지했기 때문에 대선 때 등장하는 제3의 후보는 극히 미미한 지지율을 얻으며 판세에 영향을 주지 못했습니다. 그러나 보수 성향의 억만장자 로스 페로Ross Perot가 무소속으로 대선에 출마하자 이제껏 보지 못한 광경이 벌어졌습니다. 보수 성향의 공화당 표가 로스 페로 후보에게 쏠리면서 부시 대통령의 지지율을 크게 떨어뜨렸습니다.

결국 1992년 대선에서 로스 페로는 18.9퍼센트의 높은 득표율을 기록하며 조지 부시의 표를 나누어 가졌고, 결과적으로 빌 클린턴이 당선되는 데 기여했습니다. 제42대 대통령이 된 클린턴은 역대 미국 대통령 중에서 세 번째로 젊은 대통령으로서 새로운 미국 건설에 나설 기회를 잡았습니다.

새로운 미국을 위한 대통령

46세의 젊은 나이로 대통령이 된 클린턴은 문제투성이의 미국을 개조하기 위해 제일 먼저 행정개혁에 나섰습니다. 그는 작고 효율적인 정부를 만들기 위해 '정보 기술(IT)을 통한 새로운 정부 구축'이라는 프로그램을 만들고 전자 정부 만들기에 앞장섰습니다.

당시 행정 업무 상당수가 일일이 손으로 하는 수작업 방식이라 일 처리 속도가 매우 늦었고 일의 양에 비해 엄청난 수의 공무원을 필요로 했습니다. 공무원 조직이 비대하다 보니 이를 유지하기 위해 엄청난 세금이 낭비되었습니다. 이 때문에 정작 국가 경쟁력을 끌어올리는 일에는 정부 예산을 활용할 수 없었습니다.

클린턴은 세계 최고 수준의 미국 정보 기술을 이용해 공무원들이 하던 일을 전산화하여 30만 명 이상의 공무원을 줄였습니다. 공무원 감축을 통해 많은 예산을 절약할 수 있게 되자 남는 예산을 과학기술과 교육 분야에 집중 투자해 미국의 경쟁력을 끌어올렸습니다.

1970년대부터 독일과 일본이 제조업 분야에서 미국을 앞서 나가면서 수많은 미국 제조업체가 문을 닫았습니다. 이는 대규모 실업을 불러왔습니다. 미국 국민이 자국 업체인 GM이나 포드에서 만든 자동차 대신 일본과 독일 자동차를 선호하자 미국 자동차 업계는 절체절명의 위기에 내몰렸습니다. 비단 자동차뿐 아니라 카메라·오토바이·TV 등 거의 모든 제조업 분야에서 경쟁 국가에 미국 시장을 내주며 파산하는 업체가 속출했습니다.

사태를 주의 깊게 지켜본 클린턴은 이미 경쟁력을 잃어가는 제조업을 육성하는 대신 미국이 상대적 우위에 있던 정보 기술과 금융 산업을 육성하면서 새로운 동력을 찾으려고 노력했습니다. 유럽이나 일본

미국 최대의 자동차 업체인 GM 본사

에 비해 제조업의 역사가 길지 않은 미국은 물건을 만드는 일보다 창의적인 인재들을 활용해 이제껏 없던 고부가가치의 정보 기술에 집중하는 것이 유리한 상황이었습니다.

클린턴 집권 기간에 마이크로소프트·오라클·애플·구글 등 뛰어난 기술력을 가진 소프트웨어 업체가 정보 기술 분야를 선도하며 미국 경제에 새로운 활력을 불어넣기 시작했습니다. 특히 마이크로소프트는 당시 폭발적으로 늘어나던 개인용 컴퓨터의 운영체제 시장을 완전히 장악하며 미국의 힘을 전 세계에 보여주었습니다. 전 세계 대부분의 컴퓨터 사용자가 마이크로소프트의 운영체제를 구입해야 했던 덕분에 창업자 빌 게이츠는 세계 최고의 부호로 등극했습니다.

클린턴 행정부 시절 미국의 산업은 하드웨어를 만드는 저부가가치의 제조업을 탈피해 부가가치가 매우 높은 소프트웨어 등 정보통신 산업을 중심으로 재편되었고, 정보 기술 산업과 금융 산업 중심으로 수많은 좋은 일자리가 만들어졌습니다. 이를 기반으로 미국 경제는 눈부신 성장을 지속했습니다.

미국의 첨단 기업들이 승승장구하며 일자리를 만들어내고 많은 세금을 부담하자 재정 적자가 크게 줄어들며 정부는 한시름 놓을 수 있게 되었습니다. 클린턴은 1960년대 이후 급격히 늘어가던 국가 부채를 계속해서 줄여가며 정부의 재정 상태를 건전화하는 데 성공했습니다. 이는 역대 대통령이 이룩하지 못한 중대한 업적이었습니다.

1993년 이후 클린턴이 집권한 8년 동안 미국 경제는 유래를 찾을 수 없을 정도로 발전했습니다. 실업자가 사라지고 국민의 소득은 크게 증가했습니다. 쓸 만한 일자리가 대폭 늘어나자 중산층으로 새로이 진입하는 사람도 늘어났습니다. 탄탄한 중산층을 바탕으로 내수 경제가 활성화되면서 미국 국민들은 이전과 다른 풍요를 누렸습니다.

해외파병 실패

아프리카 대륙 동쪽 끝에 뿔처럼 튀어나온 소말리아는 유럽과 중동을 잇는 지리상의 요충지입니다. 해상 교통의 요지였던 만큼 외세의 침입도 잦아 소말리아 국민은 바람 잘 날 없는 세월을 보냈습니다.

1960년 영국으로부터 독립한 소말리아에 신생 정부가 들어서자 냉

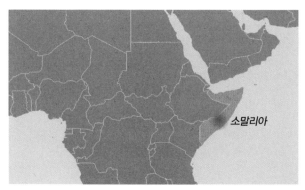

아프리카 대륙 북동부에 위치한 소말리아

소말리아의 시아드 바레

전을 치르던 미국과 소련은 지리적 요충지인 소말리아를 자국의 영향력 아래 두기 위해 치열한 경쟁을 벌였습니다. 두 나라는 각기 자국의 말을 잘 따르는 세력이 집권할 수 있도록 몰래 무기를 지원해주었습니다. 이로 인해 소말리아에서는 세력 다툼이 계속되었습니다.

1969년 소말리아의 시아드 바레Siyaad Barre 장군이 쿠데타로 정권을 잡으면서 소말리아에 긴 독재 시대가 찾아왔습니다. 그런데 1991년 군벌 지도자 모하메드 파라 아이디드Mohamed Farrah Aidid를 비롯한 여러 군벌이 힘을 합쳐 시아드 바레 정권을 무너뜨리면서 소말리아는 혼돈의 시기로 접어들었습니다. 오로지 부와 권력을 장악하기 위해 무장봉기한 군벌은 시아드 바레 정권을 무너뜨린 후 권력을 서로 차지하기 위해 치열한 내전에 돌입했습니다. 이 과정에서 무고한 수많은 사람이 죽음을 면치 못했습니다. 더구나 극심한 가뭄까지 소말리아를 덮쳐 1991년 한 해에만 30만 명이 넘는 사람이 굶어죽고 말았습니다.

소말리아가 인간이 살 수 없는 지옥으로 바뀌자 전 세계에서 동정 여론이 일어나 국제기구를 중심으로 대규모 식량 지원이 시작되었습니다. 최악의 군벌 지도자 아이디드가 구호 식량을 강탈해 자신의 배를 불리자 소말리아에 유엔평화유지군*을 파병해야 한다는 국제 여론

---

* 국제연합(UN)이 편성한 국제 군대로, 분쟁국의 평화 유지를 위해 파견된다.

소말리아에 파병된 미군

이 높아졌습니다.

클린턴이 대통령 당선자 시절인 1992년 12월, 미국이 대규모 해병대 병력을 소말리아에 파병하자 사태가 빠르게 진정되어 갔습니다. 1993년 4월 소말리아에 평화가 찾아왔다고 생각한 클린턴은 해병대를 철수시키며 약간의 병력만을 남겨두었습니다. 미군이 떠나자 그동안 미군의 기세에 눌려 숨죽이고 있던 아이디드를 비롯한 군벌들이 다시 활동하기 시작해 소말리아는 예전처럼 내전의 소용돌이에 휘말려 들어갔습니다.

전 세계가 세계 최강 미국에 소말리아 문제를 해결해줄 것을 간청하자 1993년 10월 클린턴은 최정예 미군 특수부대 160명을 동원해 아이디드 소탕 작전에 나섰습니다. 미군은 오합지졸에 지나지 않는 아이디드 민병대를 상대로 한 시간 정도면 작전이 끝날 줄 알았지만 예상은 완전히 빗나가고 말았습니다. 오랜 내전을 거치면서 나름대로 전투력을 확보한 아이디드 민병대는 미군에 강력하게 저항했습니다. 이 과정에서 두 대의 미군 헬기가 추락하는 사태가 발생했습니다.

헬기에 타고 있던 조종사 한 명은 아이디드 민병대의 포로가 되었고 나머지 한 명은 전사했습니다. 아이디드 민병대는 죽은 미군 병사의 옷을 벗긴 후 시내 곳곳으로 시신을 끌고 돌아다니며 모욕했습니다. 이 장면은 미국 언론사인 CNN을 통해 미국 전역에 방영되었습니다. 국민들은 이 장면에 큰 충격을 받았습니다. 게다가 작전에 참여한 160명의 미군 중에 18명이 전사하고 이보다 훨씬 많은 군인이 크게 다치면서 충격은 더 커졌습니다.

세계 최강 미군의 상대가 되지 못하리라 생각했던 아이디드 민병대가 미군에게 큰 피해를 입히자, 미국 내에는 소말리아에서 미군을 전면 철수하라는 요구가 빗발쳤습니다. 미국 국민은 야만인과 다를 바 없는 소말리아 사람들을 위해 더 이상 미군이 피를 흘릴 이유가 없다고 생각했습니다. 여론이 급속도로 악화되자 클린턴은 결국 미군을 전면 철수시켰습니다.

미군이 소말리아에서 사라지자 아이디드가 나머지 유엔평화유지군을 상대로 무차별 공격을 가해 수많은 유엔평화유지군이 목숨을 잃었습니다. 결국 유엔평화유지군도 소말리아를 포기하고 철수하고 말았습니다. 소말리아는 또다시 무정부 상태가 되면서 극심한 혼란에 휩싸였습니다.

아이디드를 비롯한 군벌은 통치 자금을 마련하기 위해 해적질을 하기 시작했습니다. 이때부터 소말리아 해안선은 해적들의 무대가 되고 말았습니다. 이들은 해상 교통의 요지인 소말리아 앞바다를 지나가는 선박을 무차별적으로 나포해 선주나 해당 정부에 많은 몸값을 요구해 한몫 단단히 잡았습니다. 군벌이 해적질로 돈방석에 앉자 어부들도 해적의 대열에 동참하며 앞바다로 해적선을 몰고 나갔습니다.

사실 소말리아 어부들이 해적으로 둔갑한 데는 나름대로 이유가 있었습니다. 1991년 지난 22년 동안 철권을 휘둘렀던 시아드 바레 정권이 군벌의 공격에 의해 몰락하자 소말리아는 무정부 상태가 되고 말았습니다. 정부가 사라지자 그동안 소말리아 해안가를 지키던 해군과 해양 경비대도 사라졌습니다. 이 틈을 노려 세계 각지에서 어선들이 몰려와 소말리아 영해에 있던 생선을 불법으로 잡아갔습니다.

소말리아 앞바다로 몰려든 외국 어선들이 거미줄처럼 촘촘한 그물로 참치·새우·갯가재 등 값나가는 바다 생선들을 쓸어가는 바람에

외국 선박을 나포한 소말리아 해적

수산물의 보고인 소말리아

어족 자원의 씨가 마르게 되었습니다. 더구나 외국 기업들이 방사성 폐기물 등 온갖 산업폐기물을 소말리아 연안에 버리면서 소말리아 앞 바다는 죽음의 바다가 되고 말았습니다. 수산업을 주업으로 하던 어민들은 한순간에 실업자가 되었고 외국인에게 혐오감을 가졌습니다.

해적 소굴로 변해버린 소말리아 연안은 선박이 자유로이 지나다닐 수 없는 곳이 되었습니다. 국제사회의 지속적인 해적 소탕 작전으로 미군이 철수한 지 20여 년이 지나서야 겨우 해적의 공포에서 벗어날 수 있게 되었습니다.

만약 1993년 클린턴이 미군을 철수시키지 않고 오히려 병력을 증파해 아이디드를 비롯한 군벌을 깨끗이 제거했다면 전 세계는 해적의 공포에 시달리지 않았을 것이며, 소말리아 국민도 군벌의 압제에 시달리지 않았을 것입니다. 클린턴의 첫 번째 해외파병은 실패로 돌아갔으며 이는 그의 임기 중 돌이킬 수 없는 오점으로 남았습니다.

중동 평화협정

미국 내 유대 민족은 그 수가 600만 명 정도밖에 되지 않지만 어느 민족보다도 막강한 영향력을 행사하고 있습니다. 그들은 탁월한 능력을 기반으로 구글·페이스북·인텔 등 세계 유수의 대기업을 소유하고 있고, 미국 내 주요 언론사의 주인으로서 상상을 초월할 정도로 막강한 힘을 가졌습니다. 따라서 미국 정치인 모두가 유대인과 좋은 관계를 유지하려고 애쓰며 역대 미국 지도자들은 철저히 유대 민족이 세운 나라인 이스라엘 편에 서곤 했습니다. 이스라엘이 인근의 아랍민족과 전쟁을 벌일 경우 미국은 이스라엘에 대한 지원을 아끼지 않았기 때문에, 아랍 민족은 편파적인 미국을 혐오했습니다.

클린턴은 역대 미국 대통령과 다른 정책을 폈습니다. 아랍의 주장에 귀를 기울이며 이스라엘과 아랍을 공평하게 대하려고 했습니다. 그는 미국 대통령이라는 힘을 이용해 끊임없이 갈등을 빚고 있던 이스라엘과 팔레스타인을 협상의 장으로 끌어내려고 애썼습니다.

기도하는 유대인

이츠하크 라빈 이스라엘 총리

당시 이스라엘의 지도자는 이츠하크 라빈Yitzhak Rabin 총리로서 매우 독특한 이력의 소유자였습니다. 1922년 당시까지만 해도 팔레스타인 민족의 땅이었던 예루살렘에서 태어난 라빈은 1948년 이스라엘이 팔레스타인 영토에 독립국가를 건설하자 자원 입대했습니다. 팔레스타인 사람들과 인근의 아랍 민족들은 이스라엘이 영국과 미국의 비호 아래 팔레스타인 영토에 국가를 세우자 힘을 합쳐 공격했습니다. 라빈은 이들과 맞서 싸웠습니다. 이집트 전선에 참전한 라빈은 죽음을 두려워하지 않는 용기로 수많은 전공을 세웠습니다. 이후에도 군에 남아 이스라엘을 지키는 일에 젊음을 바쳤습니다.

1964년 라빈은 육군참모총장이 되어 군인으로서 누릴 수 있는 최고의 자리에 올랐고 1967년에 일어난 제3차 중동전쟁을 성공적으로 이끌면서 국가적 영웅으로 떠올랐습니다. 라빈의 지휘 아래 벌어진 단 6일 동안의 전쟁에서 이스라엘군은 이집트·시리아·요르단 동맹군을 격파하며 요르단강 서안 지역, 시리아의 골란 고원 등 중요한 군사적 요충지를 차지하는 큰 성과를 올렸습니다.

1974년 라빈은 이스라엘 총리가 되어 나라를 크게 발전시켰으며 잠시 정계를 떠났다가 1992년 두 번째로 총리직에 올랐습니다. 군대에서 잔뼈가 굵은 그는 누구보다 안보를 중시하고 팔레스타인 민족에 대해 강경한 입장을 지닌 사람이었지만, 총리에 두 번째로 선출된 뒤에는 생각을 달리하기 시작했습니다. 그동안 이스라엘은 모든 무력을 동원해 팔레스타인 사람을 모질게 박해했지만, 오히려 그들은 이스라엘에 굴복하기는커녕 더욱 격렬히 저항했고 죽고 죽이는 대결이 끊이지 않았던 것입니다.

라빈은 끊임없이 반복되는 비극을 끝내기 위해 팔레스타인과 협상이 필요하다고 생각했습니다. 때마침 클린턴이 평화 협상을 요청했고 그는 군말 없이 응했습니다.

클린턴은 라빈이 자신의 요청을 받아들이자 이번에는 팔레스타인 지도자 야세르 아라파트Yasser Arafat를 협상장으로 불러냈습니다. 야세르 아라파트는 극단적인 테러리스트 출신으로 평화 협상과 거리가 먼 사람이었지만 클린턴의 집요한 설득으로 마침내 협상 테이블에 나타났습니다.

아라파트는 유대인을 팔레스타인 지역에서 추방하는 일에 일생을 바치기로 결심한 사람이었습니다. 아라파트는 침략자 이스라엘과 협상하는 것은 시간 낭비에 불과하다고 생각했습니다. 대학 졸업 후에 그는 무장 단체를 만들어 이스라엘과의 무장투쟁에 적극적으로 나섰습니다.

1969년 아라파트는 팔레스타인 사람들의 목소리를 대변하는 팔레스타인 해방 기구PLO를 창설해 온갖 테러를 일삼았

팔레스타인 지도자 야세르 아라파트

습니다. 항공기 공중 납치·자살 폭탄 테러·요인 암살 등 이스라엘에
타격을 줄 수 있는 일이라면 가리지 않았습니다.

뮌헨 올림픽 테러는 아라파트가 얼마나 위험한 인물인지 보여주
는 대표적인 사례였습니다. 1972년 9월 아라파트의 지령을 받은 '검
은 9월단' 소속 테러리스트 8명이 뮌헨 올림픽에 참가 중이던 이스라
엘 선수촌에 난입해 11명의 선수와 코치를 살해하는 희대의 살인극
을 벌였습니다. 이스라엘 정부는 그를 제거하기 위해 발 벗고 나섰지
만 모두 허사였습니다.

아라파트가 무려 50번이 넘는 공격을 받고도 살아남자 팔레스타인
사람들은 그를 일컬어 '목숨이 9개인 고양이'라는 별명을 붙여주기도
했습니다. 아라파트는 이스라엘의 암살 위협 속에 매일 밤마다 거처
를 옮겼으며 공공장소에 한 번도 모습을 드러낸 적이 없었습니다.

아라파트는 과격한 테러리스트 출신 지도자였지만 클린턴의 설득
으로 협상장에 나오게 되었고 마침내 이스라엘의 라빈 총리와 협상
테이블에서 얼굴을 마주하게 되었습니다.

클린턴의 주선으로 만나게 된
라빈과 아라파트

두 민족 사이에 앙금이 뿌리 깊었던 만큼 평화 협상은 순조롭지 않았지만 고비를 맞을 때마다 클린턴이 중재에 나섰습니다. 1993년 9월 백악관에서 클린턴이 지켜보는 가운데 이스라엘 총리 라빈과 팔레스타인 해방기구 의장 아라파트 사이에 역사적인 평화협정이 체결되었습니다. 평화협정 결과 이스라엘과 팔레스타인은 서로 간에 무력 사용을 중단하고 상대방을 존중하기로 합의했습니다. 또한 팔레스타인 사람들이 자치 정부를 만들 수 있도록 이스라엘이 양보했습니다. 그동안 이스라엘은 팔레스타인 자치 정부를 철저히 막아왔기 때문에 적지 않은 양보를 한 셈이었습니다.

1994년 역사적인 팔레스타인 자치 정부가 출범하면서 아라파트는 자치 정부의 수반이 되었습니다. 더구나 같은 해 라빈 총리와 아라파트 수반이 노벨평화상을 공동 수상하며 짧은 평화가 드리워졌습니다. 하지만 라빈 총리가 1995년 11월 유대인 극우파 청년 이갈 아미르Yigal Amir의 총탄에 살해되면서 살얼음판 위를 걷듯 유지되어 온 평화가 한 순간에 깨져버렸습니다.

사실 평화협정을 체결하는 순간부터 라빈은 죽은 목숨이나 다름없었습니다. 이스라엘 내 다수를 이루던 극우 정치 세력은 라빈을 배반자로 몰아세우며 이를 갈았습니다. 심지어 유대교 랍비들조차 라빈을 절대로 용서할 수 없는 역적

라빈 총리를 살해한 이갈 아미르

으로 규정했습니다. 라빈의 암살은 철없는 청년의 우발적 범죄가 아니라 이스라엘 기득권층이 똘똘 뭉쳐 치밀하게 공모해 벌인 계획 범죄였습니다. 라빈이 암살당한 후 이스라엘에 팔레스타인 사람들을 철저히 배격하는 극우 정권이 들어서면서 두 민족은 예전처럼 무력 충돌을 빚게 되었습니다.

코소보에 평화를

서기 6세기경 발칸반도*의 비옥한 코소보 지역에 정착한 세르비아인은 기독교의 일종인 세르비아 정교를 기반으로 독자적인 문화를 만들어갔습니다. 코소보는 세르비아 사람들에 의해 개발되어 발칸반도의 중심지가 되었으며 세르비아 정교를 상징하는 다양한 건축물이 우아한 자태를 뽐냈습니다.

14세기 후반 이슬람교를 신봉하던 오스만제국**의 침략이 시작되면서 세르비아인이 누려온 평화는 순식간에 사라지게 되었습니다. 막강한 군사력을 자랑하던 오스만제국의 군대는 10만 명 이상의 세르비아인을 닥치는 대로 학살했습니다. 유구한 전통을 자랑하던 세르비아제국은 결국 오스만제국의 말발굽 아래 처참히 무너졌습니다. 이후 오스만제국이 코소보 지역에 알바니아계 이슬람교도를 대거 이주시

---

* 유럽 대륙의 남동부에 있는 반도. 중세 시대까지 번영했으나, 현대에는 정치·경제적으로 불안정하다.
** 13세기 말, 오스만 1세가 셀주크제국을 무너뜨리고 소아시아(터키)에 세운 이슬람 국가.

키자 세르비아 정교 세력과 이슬람교도 사이에 갈등이 생겨나기 시작했습니다.

제2차 세계대전 이후 냉전이 시작되고 발칸반도를 비롯한 동유럽이 공산주의 소련의 영향권 아래 들어가자 소련은 코소보 지역

유럽 남부 발칸반도에 위치한 코소보

을 거대한 유고슬라비아*의 영토로 편입시켰습니다. 유고슬라비아는 공산국가였지만 다른 공산국가에 비해 시장경제**를 대폭 수용해 경제적으로 풍요로웠습니다. 또한 '평등과 우애'의 정신 아래 민족 간의 차별을 철저히 금지했습니다. 따라서 공산주의 유고슬라비아 시절 세르비아인과 무슬림은 별다른 충돌 없이 지낼 수 있었습니다.

1990년대 들어 공산주의 종주국 소련이 해체되고 동유럽에 민주화 바람이 거세게 불자 문제가 생겨나기 시작했습니다. 코소보 지역 인구의 70퍼센트 이상을 차지하던 무슬림은 독립국가를 세우려고 했지만 소수민족이었던 세르비아인은 이를 반대했습니다. 만약 코소보 지역이 유고슬라비아에서 떨어져 나가 독립국이 되면 소수인 세르비아계의 입지가 크게 좁아지기 때문이었습니다.

---

* 유럽 발칸반도 중부에 있던 사회주의 연방 공화국.
** 수요와 공급에 따라 시장에서 자유롭게 형성되는 경제. 사회주의경제를 칭하는 '계획경제'에 대비해 자본주의경제를 일컫는 말이다.

폭격을 준비 중인
미군

 1995년 코소보의 무슬림이 해방군을 조직해 유고슬라비아 정부를
상대로 무장 독립 투쟁에 나서면서 세르비아 민족과의 본격적인 충돌
이 시작되었습니다. 1997년 7월 세르비아인 출신으로 유고슬라비아
의 대통령이 된 슬로보단 밀로셰비치Slobodan Milosevic는 코소보 지역에서
벌어지던 독립 투쟁을 진압하기 위해 군대를 보내 무자비한 학살에
나섰습니다. 그는 아돌프 히틀러가 지구상의 유대인을 모두 없애려고
한 것처럼 코소보 지역의 모든 무슬림을 박멸하기 위한 인종 청소* 작
전을 실행했습니다.

 인종 청소가 시작되자 세르비아 출신 군인들은 무슬림 마을에 불을
질러 모조리 태워버렸고, 집집마다 수류탄을 던지며 무차별 학살을
일삼았습니다. 특히 무슬림이 대를 잇지 못하도록 무슬림 남성을 집
단 학살하는 만행을 저질렀습니다.

 밀로셰비치가 집권한 지 불과 몇 달 만에 210만 명의 코소보 무슬

---

* 다른 민족이나 집단을 강제로 제거하는 정책.

림 중에 1만 명 이상이 학살당하고 90만 명 이상이 난민이 되자 국제 사회가 술렁이기 시작했습니다.

클린턴은 밀로셰비치를 비롯한 모든 세르비아인에게 무슬림에 대한 대량 학살을 중단할 것을 요구했지만, 그들은 들은 척도 하지 않았습니다. 오히려 미국이야말로 주권국가인 유고슬라비아의 내정에 간섭하지 말라고 경고했습니다.

군함에서 미사일 공격을 감행하는 미군

보다 못한 클린턴은 1999년 3월 24일부터 78일 동안 미국 공군을 동원해 유고슬라비아에 대한 공중 폭격을 과감하게 실행했습니다. 엄청난 양의 폭탄을 실을 수 있는 미국 공군의 최신예 B-2 폭격기가 미국에서 이륙해 유고슬라비아에 폭탄을 쏟아붓고 되돌아오는 방식으로 진행된 폭격은 엄청난 파괴력을 발휘했습니다. 유고슬라비아 내 주요 군사시설은 모조리 파괴되고 말았습니다. B-2 폭격기는 유고슬라비아의 레이더망에 전혀 잡히지 않았기 때문에 아무런 피해도 입지 않은 채 성공적으로 작전을 수행했습니다.

밀로셰비치는 언제 날아들지 모르는 B-2 폭격기 때문에 정상적인 활동을 할 수 없었습니다. 미국의 압도적인 군사력에 놀란 그가 결국 1999년 6월 11일 항복을 선언하고 유고슬라비아 군대를 코소보 지역에서 철수시키면서 처참했던 코소보 사태는 대단원의 막을 내렸습니다. 세르비아계 유고슬라비아군이 철군하자 고향을 등졌던 무슬림들이 돌아왔고 머지않아 자치권을 인정받았습니다. 2008년 2월 코소보 무슬림이 독립을 선언하자 미국을 비롯한 수많은 국가가 코소보의 독립을 축하하며 신생국가로 받아들였습니다.

2009년 11월 신생 독립국 코소보의 수도 프리슈티나Pristina에서는 이미 전직 대통령이 된 클린턴이 참석한 가운데 뜻깊은 행사가 치러졌습니다. 코소보 정부와 국민은 밀로셰비치의 인종 청소를 막아준 클린턴에게 감사함을 표시하기 위해 수도 프리슈티나의 번화가에 그의 이름을 붙인 '클린턴대로'를 만들었습니다.

또한 높이 3.5미터의 거대한 클린턴 동상을 만들어 제막식 행사도

코소보 어린이를 돌보는 미해병대

열었습니다. 추운 날씨였지만 수천
명의 코소보 사람이 클린턴을 보기
위해 구름떼처럼 몰려들었습니다.
클린턴은 코소보 사람들을 향해 "이
렇게 커다란 내 동상이 만들어질 줄
은 꿈에도 생각하지 못했습니다"라
고 말하며 진심 어린 감사의 뜻을 전
했습니다.

클린턴 동상

북한 탐사보도 기자 구출

내셔널지오그래픽National Geographic은 다큐멘터리 제작으로 유명한 미
국의 방송국입니다. 이 방송국에서 2006년 북한에 관한 탐사보도 프
로그램 제작에 나섰습니다. 외부 세계에 실체를 드러내지 않는 은둔
의 나라 북한은 시청자의 호기심을 자극하기에 충분했기 때문입니다.

북한 언론은 북한을 '지상 천국'이라 선전했지만 이것은 어디까지
나 외부에 내보이는 홍보에 지나지 않았습니다. 당시 북한은 김정일
이 철권통치하던 독재국가로 지구상에서 가장 가난하고 낙후된 곳 중
하나였습니다.

1990년대 중반 잇따른 자연재해와 국제적 고립으로 극도의 경제적
어려움을 겪은 이른바 '고난의 행군' 시대에는 북한 인구의 10퍼센트
이상인 200~300만 명이 굶어죽기도 했습니다. 이는 20세기 들어 일

어난 최악의 기근으로 유래를 찾기 힘든 일이었습니다. 당시 일본, 한국, 중국 등 인근 국가들은 모두 번영하고 있었지만 독재국가 북한은 내부적 모순으로 가난에 허덕이고 있었습니다.

내셔널지오그래픽은 폐쇄 국가 북한에 기자를 보내 진면목을 취재하고 싶었지만 외부인의 유입을 극도로 경계하는 북한 정부가 취재를 허락할 리 없었습니다. 탐사보도팀은 어떻게든 북한으로 들어가기로 결정하고, 네팔의 안과 전문의 산두크 루이트Sanduk Ruit 박사가 이끄는 의료봉사단의 일원으로 위장해 북한에 잠입하기로 했습니다.

루이트 박사는 지난 수십 년 동안 가난한 나라를 찾아다니며 백내장 수술을 해준 의사로서 존경을 한몸에 받고 있었습니다. 그가 앞 못 보는 북한 주민들을 위해 백내장 수술을 해주겠다고 제안하자 북한은 흔쾌히 받아들였습니다. 북한 정권은 수술비 한 푼 받지 않는 루이트 박사의 의료봉사를 마치 북한 지도자 김정일이 실명한 주민들을 위해 마련한 행사인 것처럼 보이고 싶어했습니다.

내셔널지오그래픽의 여기자 리사 링Lisa Ling은 루이트 박사의 활동을

네팔의 안과 전문의 산두크 루이트

영상 기록으로 남기는 사람으로 위장해 북한에 들어간 후 감시원 몰래 북한의 실체를 카메라에 고스란히 담아 세상에 알렸습니다.

북한 주민들은 지상낙원이라는 북한 정부의 선전과 달리 숨조차 제대로 쉴 수 없을 정도로 당국의

삼엄한 감시를 받으며 살고 있었습니다. 또한 평양을 제외한 대부분의 지역에서 굶주림은 일상이었고 의료 시스템이 무너져 아프더라도 제대로 치료조차 받을 수 없었습니다. 백내장은 노인에게 많이 발생하는 질환으로 젊은이들과는 무관한 질병이지만 영양실조에 허덕이는 북한에서는 꽃다운 나이에 시력을 잃은 사람이 많다는 사실도 방송을 통해 세

리사 링 기자

상에 알려졌습니다. 백내장 수술은 15분밖에 걸리지 않는 간단한 수술이지만 의료 수준이 낙후된 북한에서는 받기 힘든 수술이 되어 있었습니다.

리사 링 기자의 잠입 취재로 북한의 실상이 낱낱이 세상에 알려지자 이를 지켜본 전 세계 시청자들은 적지 않은 충격을 받았습니다. 이같은 사태를 알게 된 북한 지도부는 화가 치밀었지만 리사 링을 포함한 내셔널지오그래픽 탐사보도팀이 이미 북한을 벗어난 상태였기 때문에 보복할 방법을 찾지 못했습니다.

2009년 3월 미국의 커런트Current TV 소속이자 리사 링의 동생인 로라 링과 한국계 미국인 유나 리 기자가 탈북자 관련 취재 도중 중국과 북한의 접경 지역에서 북한군에 체포되었습니다. 공교롭게도 북한에서는 리사 링에 보복할 수 있는 절호의 기회를 잡은 것이었습니다.

북한 당국은 같은 해 6월에 로라 링에게 북한 적대죄·불법국경출입죄 등 갖가지 죄목을 붙여 12년의 노동 교화형을 선고했습니다. 노동 교화형이란 범법자에게 노역을 부과하는 형벌로 상상을 초월할 정도로 고된 노동을 시키기 때문에 노역을 시작한 지 불과 몇 년 만에 세상을 떠나는 사람이 많은 혹독한 형벌입니다.

북한 당국이 과거의 원한을 미국인 기자에게 덮어씌우자 미국 사회가 발칵 뒤집혔습니다. 언니 리사 링은 수많은 언론에 모습을 드러내 여동생의 석방을 호소했지만 북한 당국은 들은 척도 하지 않았습니다. 대신 두 기자의 비참한 모습을 방송으로 내보내며 미국 정부의 약을 올렸습니다.

미국 정부가 아무것도 할 수 없을 때 기자들을 구하겠다고 나선 이가 바로 클린턴 전 대통령이었습니다. 당시 대통령인 오바마의 보좌관들은 클린턴의 방북을 강하게 반대했습니다. 미국은 테러 집단과는 절대로 인질 협상을 하지 않는다는 불문율 때문이었습니다.

한참 고심하던 오바마 대통령은 클린턴을 향해 "현재로서는 이보다 더 좋은 방법은 없는 것 같습니다. 인질들을 무사히 데려와주십시오. 부탁드리겠습니다"라고 말하며 클린턴에게 특사 자격을 부여했습니다. 북한 당국 역시 클린턴이 방북을 희망하자 예상외로 쉽게 허용했습니다. 당시 북한을 통치하던 김정일은 김일성의 아들로, 클린턴이 대통령 재임 시절 자신에게 보인 호의를 기억하고 있었습니다.

북한 지도자 김일성은 1994년 7월 8일 갑자기 세상을 떠났습니다. 과거 김일성이 일으킨 한국전쟁 참전으로 미국은 수만 명의 인명 피

북한에 간
클린턴

해와 막대한 금전적 손실을 입었습니다. 미국과 북한의 사이가 좋지
않았기 때문에 김일성이 죽자 쾌재를 부르는 미국인이 많았습니다.

이러한 상황에서도 클린턴은 김일성의 아들 김정일에게 위로 조문
을 보냈습니다. 북한은 밉지만 아버지를 잃고 고통스러워하는 아들의
마음을 인간적으로 위로하기 위해 주변의 극렬한 만류에도 조의를 표
한 것입니다.

2009년 8월 4일 북한의 초청을 받은 클린턴은 전세기를 타고 북한
을 방문했습니다. 김정일은 클린턴을 위해 만찬을 벌이는 등 최대한
의 호의를 베풀었고 아무런 조건 없이 기자들을 석방해주었습니다.
클린턴은 기자들을 전세기에 태워 미국으로 데려왔으며 이를 지켜보
던 미국 국민은 그에게 힘찬 박수를 보냈습니다.

클린턴에게 방북 기간 도중 가장 어려운 일이 무엇이었느냐고 묻
자 그는 웃으며 "표정 관리하는 것이 가장 힘든 일이었다"라는 엉뚱

한 대답을 내놓았습니다. 클린턴이 방북을 결심하자 백악관 관리들은 항상 얼굴에 웃음을 달고 다니는 그에게 북한에서는 웃지 말아달라는 간곡한 부탁을 했습니다. 클린턴은 그들의 의견을 받아들여 방북 기간 내내 무표정한 얼굴로 다녔고, 한 번도 웃으며 사진 찍지 않았습니다. 북한 당국이 기자들에게 상식에서 벗어난 지나친 형벌을 내린 상황에서 클린턴이 얼굴에 미소를 띠고 다니는 것은 보기에 좋지 않았기 때문입니다.

제3세계를 향한 관심

2001년 클린턴은 8년간의 임기를 무사히 마치고 일반인으로 돌아갔습니다. 퇴임 당시 56세로 아직 비교적 젊은 나이인 클린턴은 백악관을 떠난 이후 본인 이름의 자선 재단을 만들고 본격적인 자선 활동에 나섰습니다. 그는 전 세계 가난하고 병든 사람들을 찾아다니며 위로했고 때로는 큰돈을 기부하기도 했습니다. 대통령 재임 시절에는 행동 하나하나가 언론의 관심사였기 때문에 활동에 제약이 따랐지만 퇴임 후에는 전 세계를 누비며 다양한 사람을 도울 수 있었습니다.

카리브해의 섬나라 아이티에 2008년 허리케인이 몰아닥쳐 피해가 발생하자 클린턴은 아이티를 돕기 위해 유엔 특사*를 자청했습니다.

---

* 국제연합에서 특별한 임무를 지니고 파견되는 사절.

그는 전직 미국 대통령이라는 배경을 밑천 삼아 수많은 나라의 지원을 이끌어내는 데 성공했습니다. 그는 가난한 아이티 정부가 피해 복구에 전념할 수 있도록 IMF(국제통화기금)*와 세계은행을 설득해 국가 채무의 80퍼센트 이상을 탕감받을 수 있도록 수완을 발휘했습니다.

클린턴이 아이티에 대해 남다른 애정을 보인 데는 나름대로 이유가 있었습니다. 미국이 과거에 아이티 국민에게 적지 않은 고통을 주었기 때문입니다.

1915년 미국은 자국의 이익을 지키기 위해 해병대를 동원해 아이티를 침공했습니다. 1934년이 되어서야 미군이 물러갔지만 그렇다고 미국의 영향력마저 줄어든 것은 아니었습니다. 미국이 아이티에 지속적으로 영향력을 행사하기 위해 친미 정권을 세웠기 때문입니다.

아이티에 들어선 친미 정권은 국민을 탄압하기 일쑤였고 부패가 심각했습니다. 정치뿐 아니라 경제 분야에서도 미국은 아이티 국민에게 고통을 주었습니다. 1980년대 초 아이티 토종 돼지에게 전염병이 돌아 떼죽음을 당하는 사태가 벌어졌습니다. 미국이 전염병에 강한 미국산 돼지를 키울 것을 권유하자 농민들은 선뜻 받아들였습니다.

가난한 아이티 농민들은 돈을 빌려 미국산 돼지를 샀는데 머지않아 돼지들이 죽어나가기 시작했습니다. 추운 지역에 살던 미국산 돼지가 무더운 아이티 기후에 적응하지 못했기 때문입니다. 그나마 살아남은

---

* 세계 금융 체계와 국제무역의 안정을 목적으로 하는, 미국 워싱턴 D.C.에 있는 국제 금융 기구.

돼지들도 값비싼 미국 사료를 수입해 먹여야 했기 때문에 농민들은 돼지를 키워 봤자 적자를 면치 못했습니다. 결국 빚을 감당하지 못한 수많은 농민이 자살을 하면서 미국산 돼지 파동은 막을 내렸습니다.

1985년 미국 정부와 IMF는 국가 파산 위기에 몰린 아이티 정부에 달러를 빌려주며 조건을 걸어 쌀 시장 개방을 요구했습니다. 국가 파산을 모면하기 위해 미국의 요구를 받아들인 아이티 정부는 수입 쌀에 붙이던 관세율을 35퍼센트에서 3퍼센트로 크게 낮추었습니다. 관세율이 급격히 낮아지자 가격 경쟁력을 확보한 미국산 쌀이 대거 수입되면서 아이티 쌀을 밀어내기 시작했습니다. 사실 미국산 쌀의 생산 비용은 세계 최빈국에 속하는 아이티보다 훨씬 많이 들지만 미국 농민은 정부에서 많은 보조금을 받기 때문에 싼 값에 쌀을 시장에 내놓을 수 있었습니다.

저렴한 미국산 쌀이 아이티 쌀 시장을 석권하자 쌀농사를 짓던 농민이 대거 몰락해 커다란 사회문제가 되었습니다. 농업이 파탄나자 농민들은 먹고살기 위해 숲속의 나무를 베어 숯을 만들어 팔기 시작했습니다. 시간이 흐르자 아이티의 산은 민둥산으로 바뀌었습니다. 이로 인해 비가 올 때마다 산사태가 일어나 많은 사람이 목숨을 잃었습니다.

클린턴은 미국과 악연이 깊은 아이티에 도움을 주고 싶었습니다. 그의 그러한 마음은 2010년 1월 발생한 대지진 때에도 빛을 발했습니다. 진도 7.0의 강력한 지진이 아이티를 덮치자 국민은 꼼짝없이 피

지진으로 매몰된
아이티 주민을 구출하는
미국 구조대

해를 당했습니다. 그동안 크고 작은 지진이 계속해서 발생한 아이티
는 지진 위험 지대였습니다. 선진국에서는 튼튼한 철골을 사용해 건
물을 짓지만 아이티에서는 흙이나 시멘트로 대충 건물을 지었기 때문
에 지진이 발생하자 50만 명 이상이 숨지는 대참사로 이어졌습니다.

클린턴은 대지진이 발생한 다음 날 국제사회의 도움을 청하기 위해
유엔총회에 참석해 아이티 지원을 호소했습니다. 클린턴은 전 세계를
향해 "우리는 모든 역량을 총동원해 최대한 많은 인원을 구해야 합니
다. 구호에 관심 있는 개인이 할 수 있는 가장 중요한 일은 단 1달러의
성금이라도 아이티를 위해 후원하는 것입니다"라고 말했습니다.

아이티 사람들에게 구호 식량만 전달해서는 나라의 미래가 없다고
판단한 클린턴은 아이티 국민을 위해 적극적인 일자리 만들기에 나
섰습니다. 그는 최빈국 아이티의 유일한 장점인 저렴한 인건비를 성
장의 동력으로 활용하기 위해 세계 각국의 기업에 아이티 현지에 공

장을 세워줄 것을 요청했습니다. 클린턴의 요청을 받은 기업은 대부분 아이티의 인프라 부족과 치안 불안을 이유로 투자를 꺼렸습니다. 그러나 한국 기업들은 적극적으로 아이티에 진출해 현지 공장을 짓고 무려 1만 명이 넘는 아이티 사람을 고용해 미국 수출용 의류 제품을 만들었습니다. 현지인에게 먹고살기 충분한 임금을 주었으며 직원 자녀들을 위한 학교 등 다양한 사내 복지 제도를 실시해 노동자들의 삶의 질을 향상시켜 주었습니다. 클린턴 덕택에 아이티에는 수많은 일자리가 생겼고, 아이티 사람들은 안정된 삶을 살 수 있게 되었습니다.

2012년 10월 아이티에 진출한 한국 기업의 초청을 받은 클린턴은 아이티의 수도 포르토프랭스Port-au-Prince를 방문했습니다. 클린턴의 방문 소식을 알게 된 아이티 사람들은 그를 맞이하기 위해 자발적으로 공항으로 몰려들었습니다. 비행기에서 내린 클린턴은 공항과 길가에 자신을 환영하기 위해 몰려나온 수많은 사람을 보고 놀라지 않을 수 없었습니다.

클린턴은 집권 기간에 몰락해가던 미국 경제를 재건하고 세계 평화

아이티를 방문한 클린턴

에 앞장서 많은 사람에게 존경
을 받았습니다. 또 은퇴한 뒤에
도 재임 시절에 미처 돌보지 못
한 약자들을 보살피는 일에 열
정을 바치면서 전직 미국 대통
령으로서 좋은 본보기가 되었습
니다.

불우한 어린 시절을 보낸 클
린턴은 자신이 사회적 약자였기
때문에 약자의 편에 서고자 했

은퇴 후에도 활발한 활동울 펼치는 클린턴

습니다. 그는 팔레스타인, 코소보, 아이티 등 역대 미국 대통령이 거들
떠보지도 않던 나라들을 향해 온정의 손길을 내밀었으며 모두가 평화
로운 세상에서 살 수 있도록 노력했습니다.

★

그가 무슨 말을 하든지
미국 정부와는 관련이 없다

2016년 힐러리 클린턴이 대통령 선거에 출마하면서 빌 클린턴 부부에게 언론의 관심이 집중됐다. 힐러리는 대선에 출마하기 전 민주당 대선 후보 경선에서 강적인 버니 샌더스를 만나 고전했다. 조그만 실수조차 경선에서 발목을 잡을 수 있는 상황에서, 빌 클린턴의 이복동생 로저 클린턴이 음주운전으로 경찰에 체포되어 힐러리를 곤경에 몰아넣었다. 힐러리는 민주당 경선에서는 겨우 샌더스를 누를 수 있었지만, 트럼프와 맞대결을 펼친 대선에서 아깝게 패하고 말았다.

당시 문제를 일으킨 로저 클린턴은 빌 클리턴의 이복동생으로 어릴 적부터 사고뭉치였다. 크고 작은 사건을 계속 일으킨 그는 과거 1985년 마약 소지죄로 구속되기도 했다. 예술적인 감각이 뛰어나지 않은데도 가수가 되고 싶다고 고집하기도 했다.

이복형인 빌 클린턴이 대통령에 당선되면서 로저 클린턴은 본격적으로 구설수에 오르기 시작했다. 초강대국인 미국의 대통령에게 잘 보이고 싶었던 각국 정부는 로저 클린턴에게 금품을 제공하며 빌 클린턴을 움직이기 위한 도구로 이용했다. 심지어 범죄 조직마저 로저 클린턴에게 접근해 뒷돈을 주면서 감형을 청탁하기도 했다.

로저 클린턴은 한국 관련 에피소드도 남겼다. 한국에 그의 팬이 거의 없었음에도 두 차례나 방한해 '현직 미국 대통령의 동생 공연'을 갖기도 했다. 1999년에는 단 한 명의 팬도 없는 평양을 방문해 콘서트를 열었다. 그는 가수 신분이었지만 북한 최고위급 관리들과 만나는 등 빌 클린턴의 특사 대접을 톡톡히 받았다. 당시 북한이 핵무기 개발에 나서자 미국과 북한은 심각한 마찰을 빚고 있었다. 빌 클린턴은 북한의 핵 개발 전에 선제공격을 고려하고 있을 정도였다.

로저 클린턴이 북한을 방문하자 미국 정부는 "그가 무슨 말을 하든지 간에 미국 정부와는 전혀 관련이 없다"라고 발표하면서 선 긋기에 나섰다. 하지만 로저 클린턴은 방송사와 인터뷰를 하면서 "정치인이 되어야만 의미 있는 일을 하는 것은 아니다. 대중음악을 통해서도 세계 평화를 얻을 수 있다"라고 말하며 자신의 존재감을 드러내고 싶어했다.

로저 클린턴은 끊임없이 논란을 일으키고 다녔지만 빌 클린턴은 항상 이복동생에게 관대했다. 빌 클린턴은 2001년 1월 임기를 마치기 두 시간 전에 특별사면을 통해 과거 로저 클린턴이 저지른 마약 소지죄에 대한 이복동생의 전과 기록을 없애주었다.

이를 두고 미국 언론들이 비난을 쏟아냈다. 빌 클린턴이 온갖 비난을 감당하며 이복동생에게 특별사면을 실시했음에도 로저 클린턴은 변하지 않았다. 오히려 특별사면을 받은 지 얼마 되지 않아 난폭 운전으로 경찰에 체포되어 유죄판결을 받았다.

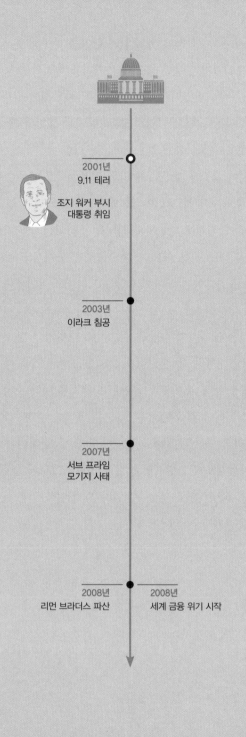

2001년
9.11 테러

조지 워커 부시
대통령 취임

2003년
이라크 침공

2007년
서브 프라임
모기지 사태

2008년
리먼 브라더스 파산

2008년
세계 금융 위기 시작

13

George W. Bush

테러와의 전쟁을 주장한
조지 워커 부시

미국 제43대 대통령 (2001~2009)
미국 역사상 두 번째 부자 대통령으로 제41대 대통령 조지 H. W. 부시
의 아들이다. 집권 초기에 9.11 테러가 발생해 임기 내내 테러와의 전쟁
에 힘을 쏟았으나, 리먼 브라더스 파산으로 시작된 금융 위기로 국민들
의 지지를 잃었다.

대통령 부자의 탄생

제43대 미국 대통령 조지 워커 부시_{George W. Bush}는 제41대 미국 대통령 조지 H. W. 부시의 큰아들입니다. 조지 워커 부시의 조부 프레스콧 부시_{Prescott Bush}는 사업으로 막대한 부를 쌓은 뒤 연방 상원 의원을 지내며 정계에도 뚜렷한 족적을 남긴 사람으로 부시의 집안은 막강한 권력과 재력을 가지고 있었습니다.

조지 워커 부시는 상류층만 다니는 사립학교를 졸업하고 아버지가 나온 예일대학교 역사학과에 입학했습니다. 그가 대학을 졸업한 1968년은 베트남전쟁이 한창때라 신체 건강한 모든 젊은이는 강제 징집의 대상이었지만 부시는 텍사스 주방위군 소속 전투기 조종사가 되는 바람에 전쟁터에 가지 않았습니다.

당시 부유층 자식들은 주로 현역 복무 대신 주방위군에서 복무

조지 H. W. 부시 가족

주방위군 시절 조지 워커 부시

했습니다. 이 때문에 조지 워커 부시에게는 가문의 후광으로 주방위군 조종사로 편하게 근무했다는 말이 계속 뒤따랐습니다. 부시는 군 복무를 마친 후 텍사스대학교 로스쿨에 지원했지만 실력 부족으로 낙방했고, 1973년 하버드 경영대학원에 진학해 경영학 석사(MBA) 학위를 취득했습니다.

대학원을 마친 후 술에 빠져든 부시는 알코올의존증에 걸리고 말았습니다. 그의 아버지는 알코올의존증으로 방탕한 생활을 하는 아들의 치료를 위해 결혼을 추진했습니다.

1977년 부시는 아버지의 권유로 로라 레인 웰치Laura Lane Welch와 결혼했는데 이는 인생의 전환점이 되었습니다. 독실한 기독교 신자였던 로라는 부시를 전도해 기독교 신자로 만들었습니다. 아내의 영향으로 크리스천으로 거듭난 부시는 아버지가 그랬던 것처럼 텍사스에서 석유 사업에 도전해 큰돈을 벌었습니다.

로라 부시

단란한 부시 가정

아버지 조지 H. W. 부시

조지 워커 부시의 아버지이자 제41대 대통령이기도 한 조지 H. W. 부시George H. W. Bush는 제2차 세계대전이 벌어지자 18세의 나이에 자원입대해 해군 전투기 조종사로 국가를 위해 싸웠습니다. H. W. 부시는 작전 도중 비행기가 태평양에 추락해 죽을 위기를 맞기도 했지만 때마침 지나가던 배에 운 좋게 구조되면서 목숨을 구했습니다. 그는 무려 58차례나 전투에 참여해 3개의 무공훈장을 받은 용감한 군인이었습니다.

조지 H. W. 부시는 전쟁이 끝나자 곧바로 미국 동부의 명문 예일대학교에 진학했습니다. 1945년 그는 대학생 신분으로 뉴욕 명문가 출신의 바버라 피어스Barbara Pierce와 결혼했고 이듬해에 장남인 조지 워커 부시를 낳았습니다.

미국 최고의 명문가 출신의 조지 H. W. 부시는 대학 졸업 후 미국의 대표적인 유전 지대인 텍사스주 미들랜드로 이주해 석유 채굴 사업에 나섰습니다. 사업이 번창해 억만장자의 반열에 오른 그는 대통령을 목표로 정계 진출을 선언했습니다.

1964년 텍사스주 연방 상원 의원 선거에 공화당 후보로 출마한 조지 H. W. 부시는 민주당 후보에 밀려 낙선의 고배를 마셨습니다. 처음으로 실패를 맛본 그는 정치에 집중하기 위해 사업을 접고 1966년 연방 하원 의원이 되었습니다. 1968년 재선에 성공한 그는 1970년 다시 한번 연방 상원 의원에 도전했지만 이번에도 그 문턱을 넘지 못했습니다.

중국에서 근무할 당시의 아버지 부시

조지 H. W. 부시는 비록 상원 의원 선거에는 실패했지만 그를 눈여겨본 제37대 대통령 리처드 닉슨의 도움으로 유엔 주재 미국 대사로 임명되어 외교관으로서 경력을 쌓기 시작했습니다. 그가 외교관으로서 탁월한 업무 추진 능력을 보여주자 1973년 닉슨은 그를 베이징 연락사무소로 보냈습니다. 당시 미국과 중국은 국교 관계가 없었기 때문에 H. W. 부시는 주중 미국 대사의 신분이 아닌 연락사무소 소장으로 중국에 파견되었지만, 닉슨은 그에게 미·중 관계 회복이라는 막중한 임무를 부여했습니다.

중국에 머무는 동안 조지 H. W. 부시는 특유의 친화력으로 중국 고위층 인사들과 두터운 친분을 유지하며 미중 국교 정상화를 위한 기반을 튼튼히 다져 놓았습니다. 1977년 조지 H. W. 부시는 그동안의 업적을 인정받아 요직인 CIA 수장이 되어 미국 내에서 막강한 영향력을 행사했습니다.

조지 H. W. 부시는 사업가·정치인·외교관·고위 관료 등 요직을 두루 거친 후 1980년 대선에 공화당 후보로 나서고자 했습니다. 그러나 할리우드 영화배우 출신 로널드 레이건이 도전장을 내밀면서 예상치 못한 일이 벌어졌습니다. 레이건은 모든 면에서 H. W. 부시에게 적수가 되지 못하는 인물이었습니다. 그는 전형적인 하류층 가정에서 자랐고 지방의 이름 없는 대학 출신이었습니다. 레이건은 대학 졸업 후 영화배우가 되기 위해 할리우드에 진출했지만 흥행작도 없이 이류 배우로 활동하다가 정계에 입문해 대통령에 도전한 인물이었습니다.

대부분의 사람은 대통령으로서 완벽한 자격을 갖추고 있던 조지 H. W. 부시가 공화당의 대통령 후보가 될 줄 알았습니다. 그러나 레이건이 영화배우 출신답게 선거 유세장에서 능수능란한 언변으로 공화당원들의 마음을 사로잡으며 돌풍을 일으켰습니다. 결국 레이건은 조지 H. W. 부시를 누르고 공화당 대선 후보로 선출되었습니다.

레이건은 공화당 대선 후보로 선출된 후 후보 경선에서 패배한 H. W. 부시에게 부통령 자리를 제안하며 자신의 러닝메이트가 되어줄 것을 요청했습니다. 이는 그동안 H. W. 부시가 공직자로서 보여준 탁월한 능력을 높이 평가했기 때문입니다. 레이건의 요청을 받아들인 조지 H. W. 부시는 제40대 부통령이 되어 8년 동안 능력을 충분히 발휘했습니다. 이를 눈여겨본 레이건은 1988년 대통령직에서 물러나면서 그를 차기 공화당 대통령 후보로 밀어주었습니다.

퇴임 당시 레이건 대통령은 공화당원과 전 국민의 뜨거운 사랑을 받고 있었기 때문에 조지 H. W. 부시가 공화당 대선 후보로 선출되는 데 큰 도움이 되었습니다. 레이건의 후광을 등에 업은 H. W. 부시는 1988년 겨울에 실시된 제41대 대선에서 민주당의 마이클 듀카키스_{Michael Stanley Dukakis} 후보를 누르고 대통령 권좌에 올랐습니다.

대선 후보가 된 아들 부시

1988년 아버지가 대선에 출마했을 때 조지 워커 부시는 선거 참모로 맹활약을 펼쳤습니다. 선거가 끝난 후에는 텍사스로 돌아와 주지사 선거에 나갈 준비를 시작했습니다. 그는 정치적 야심을 실현하기 위해 프로야구단을 활용하는 전략을 썼습니다. 지인들과 함께 4,600만 달러에 텍사스 레인저스_{Texas Rangers}라는 지역 프로야구단을 인수해 홈 경기가 있을 때마다 경기장을 찾았습니다.

이미 언론을 통해 대통령 아들로서 얼굴이 알려져 있던 부시는 야구장에 갈 때마다 사람들의 주목을 받았습니다. 그는 야구 팬들과 일일이 악수를 나누며 주민들의 마음을 사로잡았습니다. 프로야구가 지역 방송국을 통해 매번 중계되었기 때문에 부시는 수시로 언론에 얼굴을 드러내며 사람들에게 친근감을 심어주었습니다.

1994년 부시는 텍사스 주지사 선거에 출마해 민주당 후보를 누르고 정치인으로 첫발을 내딛었습니다. 주지사 시절 그는 일 잘하고 친근한 주지사로 주민들에게 많은 인기가 있었습니다.

1998년 그는 주지사 선거에서 압승을 거두며 텍사스주 최초의 재선 주지사가 되었습니다. 텍사스 주민들은 웬만큼 능력이 있지 않으면 같은 후보에게 두 번 표를 던지지 않기 때문에 그동안 텍사스주에서 재선의 영광을 누린 주지사는 한 명도 없었습니다. 그러나 부시가 사상 최초로 주지사에 재선되면서 전국적인 인물로 떠오르자 차기 공화당 대선 후보로 부상했습니다.

이듬해인 1999년 6월 부시는 공식적으로 대통령 후보로 출마를 선언했습니다. 부시는 당시 상원 의원이던 존 매케인John McCain과 경쟁하게 되었습니다. 매케인은 부시 못지않게 명문가 출신이며 해군 전투기 조종사로 베트남전에 참전해서 구사일생으로 돌아온 전쟁 영웅이었습니다. 1982년 연방 하원 의원이 된 후 승승장구하며 1986년 연방 상원 의원에 당선되는 영광을 누렸습니다. 2000년 매케인이 공화당 대선 후보 경선에 나서자 부시는 수세에 몰리게 되었습니다. 매케인이 베트남전에서 국가를 위해 목숨 걸고 싸울 동안 부시는 아버지의 도움으로 주방위군에 편입되어 편안한 군 생활을 했기 때문입니다. 더구나 매케인은 군인으로서 반듯한 삶을 살았지만 부시는 알코올의존증 병력이 있었기 때문에 여러모로 매케인에게 뒤질 수밖에 없었습니다.

매케인의 지지율이 부시보다 훨씬 앞서자 부시의 선거 참모들은 위기감에 휩싸였습니다. 부시 진영은 불리한 전세를 뒤집기 위해 매케인에 대해 확인되지 않은 사실을 유포하기 시작했습니다. '매케인이

앨 고어

입양한 딸이 실은 친자식이다', '부인이 약물중독자다', '포로 시절 공산주의에 세뇌되어 대통령으로서 자질이 부족하다', '전우를 배반했다' 등 온갖 험담을 퍼뜨리며 매케인을 악인으로 만들고자 했습니다. 부시 진영의 중상모략 전략은 큰 효과를 발휘해 부시는 열세를 극복하고 공화당 대선 후보가 되었습니다.

부시는 매케인을 물리치고 공화당 대선 후보 자리를 차지했지만 본선에서는 매케인보다 막강한 상대인 민주당의 앨 고어Al Gore와 맞붙어야 했습니다.

경쟁자 앨 고어

앨 고어도 부시 가문 못지않은 명문가 출신이었습니다. 그의 아버지가 테네시주 연방 상원 의원을 지냈을 정도로 정치 명문가였지만 그는 정치보다는 환경보호에 관심이 많아 환경 운동가로 세상에 이름을 알렸습니다. 1985년 앨 고어는 연방 상원 의원이 되었고, 1992년 11월 빌 클린턴Bill Clinton 민주당 대선 후보의 러닝메이트로 부통령에 당선되어 8년 동안 부통령으로서 많은 업적을 남겼습니다.

클린턴 정권 시절 미국은 제2의 전성기로 불릴 만큼 모든 것이 잘 돌아갔습니다. 경제는 장기간 호황을 누렸고 국민의 소득이 크게 증가해 중산층이 대폭 늘어나는 등 미국 국민은 오랜만에 행복감에 젖었습니다. 클린턴 대통령은 여느 대통령과는 달리 부통령에게 많은 권한을 위임해 앨 고어가 평소에 가지고 있던 소신을 행동으로 옮길 수 있는 기회를 주었습니다.

앨 고어는 환경 운동가 출신답게 국립공원을 대폭 확대해 자연보호에 앞장섰고, 지구온난화를 막기 위해 전 세계 온실가스 배출을 줄이는 일에 나섰습니다. 또한 미국 전역에 초고속 정보통신망을 건설해 미국이 정보통신 분야에서 우위를 유지할 수 있는 기반을 다졌습니다. 앨 고어는 부통령 재임 기간에 수많은 업적을 통해 국민에게 사려 깊고 일 잘하는 유능한 정치인으로 각인되어 있어 차기 대통령 선거에서 유리한 상황이었습니다.

신앙심을 자극한 전략

부시 진영은 상황이 녹록지 않자 특단의 대책으로 미국인의 신앙심을 자극하기로 했습니다.

1960년대 들어 자유주의 물결이 거세게 일어나면서 미국은 급속히 종교에서 멀어지기 시작했습니다. 베트남전쟁이 일어나고 미국 정부가 젊은이들을 징집해 전쟁터로 보내자 국민의 마음속에 기존 체제에 대한 강한 반감이 생겨났습니다. 젊은이를 중심으로 반전 여론과 더불어 종교적 규제에서 벗어나려는 움직임이 일어나 종교 중심의 사회

존 토머스 스콥스

가 급변하게 되었습니다.

하지만 미국은 종교의 자유를 찾아서 건너온 청교도가 세운 나라답게 저변에 신앙심이 기초하고 있었습니다. 과거 미국의 주류층은 사람들의 신앙심이 변질되지 않도록 다양한 조치를 취했는데, 대표적인 것이 기독교 외의 다른 사상을 법으로 규제하는 것이었습니다.

1925년 3월 테네시주 의회는 '공립학교에서 인간이 신의 피조물임을 부인하거나 동물로부터 진화했다는 어떤 이론도 가르쳐서는 안 된다'라는 반反진화론법을 통과시켰습니다. 테네시주 생물교사 존 토머스 스콥스John Thomas Scopes는 이 법안에 불만을 품고, 반진화론법이 사상의 자유를 침해한다는 사실을 널리 알리기 위해 일부러 학교에서 다윈의 진화론을 가르쳤습니다. 그는 곧바로 경찰에 의해 체포되고 기소되어 법원에서 유죄판결을 받았습니다. 이를 계기로 미국 내에서는 신이 인간을 만들었다는 창조론만 진리로 인정되어 학교에서는 오직 창조론만 가르칠 수 있었습니다.

1968년 연방 대법원은 학교에서 진화론을 금지하고 창조론만을 강요하는 것이 정치와 종교의 분리를 규정하고 있는 미국 헌법에 위반된다고 판결함으로써 기독교인의 분노를 샀습니다. 진보적인 성향의 존 F. 케네디 대통령이 종교적 굴레에 얽매이지 않으려는 사람들을 존중해주면서 미국 내에는 마약 복용, 동성애 등 이전에는 금기시되던 일들이 허용되고 있었습니다.

1973년 연방 대법원이 여성의 낙태 권리를 인정해 해마다 150만 건 이상의 낙태 시술이 행해지자, 신이 주신 생명을 무엇보다 소중히 생각하던 기독교인의 정부에 대한 분노는 더욱 커져만 갔습니다. 그러한 상황에서 1987년 연방 대법원이 공립학교에서 창조론 수업을 금지하자 기독교인의 분노는 극에 달했습니다.

부시 진영은 미국 내에서 다수를 차지하는 보수 기독교인의 마음을 얻는 것이 당선을 위해 무엇보다 중요하다고 생각했습니다. 그래서 부시가 방탕한 알코올의존증 환자에서 독실한 기독교 신자로 거듭난 사실을 선거에 적극 활용했습니다. 부시가 보수 기독교인의 마음을 파고들자 판세가 팽팽해지면서 한 치 앞을 내다볼 수 없는 혼전이 계속되었습니다.

2000년 11월 미국 제43대 대통령 선거에서 예상대로 부시는 보수 기독교 신자가 많이 사는 남부 지역에서 압승을 거두었고, 앨 고어는 다양한 민족이 어우러져 사는 뉴욕주와 캘리포니아주 등 서부와 동부 대도시를 중심으로 표를 얻었습니다.

간신히 얻은 승리

미국 대통령 선거의 특성상 각 주를 대표하는 선거인단 538명 중

270명 이상의 지지를 확보해야 대통령에 당선될 수 있는데, 선거인단 25명이 달려 있는 플로리다주에서 개표 도중에 문제가 발생했습니다. 결과적으로 보면 겨우 537표 차이로 부시가 승리했지만 다른 곳에 비해 유난히 많은 무소속 후보표가 쏟아져 나오면서 여러 가지 의혹이 제기되었습니다.

　미국의 각 주마다 고유한 투표용지가 있는데, 플로리다주의 투표용지는 도안이 복잡해서 자칫 잘못하면 다른 후보를 찍을 수도 있는 형편이었습니다. 눈이 어두운 노인이나 글을 모르는 이들이 앨 고어를 찍으려다 그만 무소속 후보를 찍는 결과를 낳았습니다.

　당시 부시의 친동생인 젭 부시Jeb Bush가 플로리다 주지사로 있었기 때문에 앨 고어의 지지자들은 그가 의도적으로 투표용지를 복잡하게 만들었다고 의심했습니다. 플로리다주에서만 유달리 무소속 후보가

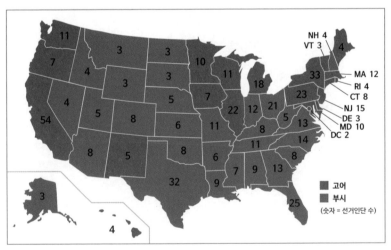

간신히 승리를 거둔 부시

엄청난 표를 얻자 유권자들은 전면적
인 재검표를 요구했습니다.

플로리다주를 제외하면 부시는 246
명, 고어는 266명의 선거인단을 확보
하고 있었기 때문에 플로리다주 선거
의 득표 결과에 따라 대선의 향방이
결정되는 상황이었습니다. 앨 고어 측
은 소송까지 하면서 전면적인 재검표
를 요구했지만 연방 대법원은 끝내

대통령이 된 조지 워커 부시

고어의 손을 들어주지 않았습니다. 부시가 플로리다 선거인단 25명을
독차지하면서 총 271명의 선거인단을 확보해 간신히 대선에서 승리
를 거두었습니다.

앨 고어는 연방 대법원 판결이 확정되자 깨끗이 패배를 인정했습니
다. 그는 부시에게 축전을 보낸 후 정계를 은퇴해 다시 환경 운동가로
돌아갔습니다.

미국 역사상 최초로 대법원 판결로 대통령이 정해졌지만 후폭풍이
만만치 않았습니다. 부시는 대통령 선거인단 수에서는 앞섰지만 총유
권자 득표수에서는 5,045만 표를 얻어 5,099만 표를 얻은 고어에게
뒤졌습니다. 앨 고어는 더 많은 득표를 하고도 선거인단을 확보하지
못해 대선에 패했는데, 이는 미국을 제외한 나라에서는 있을 수 없는
일이었습니다. 이 선거를 계기로 수많은 국민이 미국식 선거인단 제
도의 문제점을 지적했지만 바뀐 것은 아무것도 없었습니다.

랠프 네이더

이 대선에서 부시의 당선에 중요한 역할을 한 사람이 또 있었습니다. 녹색당 랠프 네이더Ralph Nader였습니다. 1992년 부시의 아버지 조지 H. W. 부시가 재선에 도전했을 때 클린턴-고어 후보에게 패한 이유 중 하나가 바로 보수층에게 큰 지지를 받던 억만장자 출신 로스 페로Ross Perot의 무소속 출마였습니다. 로스 페로 후보는 공화당 지지 계층인 보수 유권자들의 표를 대거 흡수해 클린턴의 당선에 결정적인 역할을 했습니다. 클린턴에 이어 대선에 도전한 고어 후보는 결코 만만치 않은 경쟁자였는데, 반대로 때마침 녹색당의 랠프 네이더가 대선에 출마하면서 부시에게 유리한 상황이 되었습니다.

랠프 네이더는 일생 동안 대기업과 정부의 횡포에 맞서 소비자보호와 환경보호에 앞장선 인물로서 진보주의자를 비롯한 많은 사람의 존경을 한몸에 받는 행동하는 지식인이었습니다. 2000년 대선에 출마한 랠프 네이더는 제3당으로서는 상당히 높은 2.7퍼센트의 지지율을 획득하면서 앨 고어 진영의 표를 잠식했습니다. 불과 537표로 승부가 갈린 플로리다주에서 랠프 네이더는 무려 9만 7,488표를 득표해 고어에게 결정적인 타격을 주었습니다.

이와 같이 제43대 대선에서 부시는 연방 대법원의 호의적인 판결과 녹색당 랠프 네이더 후보의 선전善戰 덕분에 간신히 대통령에 당선되었습니다.

2001년 1월 부시가 대통령에 취임하면서 아버지와 아들이 모두 대통령 자리에 오른 미국 역사상 두 번째 부자 대통령 시대*를 열었습니다. 그러나 앨 고어 지지자들은 부시 대통령에게 마음을 열지 않고 그를 향해 '대통령 자리를 도둑질한 자'라는 비난을 서슴없이 하기도 했습니다.

9·11 테러

2001년 9월 11일 이슬람 테러 조직인 알카에다Al-Qaeda가 미국을 상대로 사상 최악의 테러를 벌였습니다. 사우디아라비아 출신의 억만장자 오사마 빈 라덴Osama Bin Laden이 이끄는 알카에다는 민간항공기 4대를 공중 납치해 세계경제의 심장부인 뉴욕과 수도 워싱턴 D.C.에 있던 국방부 청사를 공격했습니다.

많은 양의 기름을 싣고 있던 대형 항공기는 그 자체가 하나의 거대한 폭탄이나 다름없었습니다. 항공기와 충돌한 뉴욕의 110층 세계무역센터WTC 쌍둥이

알카에다의 지도자 오사마 빈 라덴

---

* 미국 최초의 부자(父子) 대통령은 제2대 존 애덤스와 제6대 존 퀸시 애덤스이고, 두 번째는 제41대 조지 H. W. 부시와 43대 조지 워커 부시이다.

빌딩이 무너져내리자 미처 대피하지 못한 3,000여 명의 사람은 참혹한 죽음을 맞았습니다. '9·11 테러'라고 불린 이 사건은 역사상 최초로 미국 본토가 공격받은 경우로 당시 미국인은 비할 바 없는 충격을 받았습니다.

사건 당시 부시는 플로리다주의 한 초등학교에서 어린아이들에게 책을 읽어주는 행사를 진행하고 있었는데 테러 사건이 발생했다는 소리를 듣고 전용기로 자리를 옮겼습니다. 사태가 해결될 때까지 부시가 하늘 위를 날아다녔기 때문에 백악관에 있던 부통령이 사실상의 대통령 역할에 나서야 했습니다.

9·11 테러는 세계무역센터가 무너지고 그 속에 머물던 3,000여 명이 죽은 사건만은 아니었습니다. 뉴욕의 증권시장이 사상 최초로 일주일 동안 휴장에 들어가면서 전 세계 금융시장이 마비되었습니다.

9·11 테러로 붕괴된 세계무역센터

9·11 테러 현장 출동에 나선
FBI 요원들

또한 미국을 오가는 국제항공선이 모두 차단되었습니다. 항공기 테러에 겁먹은 미국 사람들이 항공기 이용을 꺼리자 굴지의 항공사가 속속 파산하며 대량 실업 사태를 불러왔습니다. 또한 미국 국민이 외출을 자제하고 사람이 모인 곳에 가려고 하지 않자 소비 심리가 극도로 위축되었습니다. 부시는 나락으로 떨어지는 경제를 살리기 위해 대규모 감세 조치를 취하는 등 백방으로 노력했지만 한번 꺾인 경제는 좀처럼 회복되지 못했고, 동시에 부시 행정부에 대한 지지도마저 낮아졌습니다.

부시는 집권 후 8개월 만에 벌어진 9·11 테러로 인해 국정 운영에 발목이 잡히자 이를 돌파하기 위한 대응책으로 테러와의 전쟁을 시작했습니다.

우선 추가 테러를 막기 위해 애국법Patriot Act을 실시했는데 FBI의 권한을 대폭 강화해 테러 용의자에 대한 손쉬운 정보 수집을 가능하게 했습니다. 9·11 테러 사건 이전만 하더라도 범죄 용의자의 이메일을 들여다보거나 전화 통화를 감청하려면 법원에서 발부한 영장이 필요했습니다. 테러리스트들은 이메일 계정이나 휴대폰을 수시로 바꾸기 때문에 법원의 영장을 발부받아서는 수사기관이 도저히 제때에 정보를 수집할 수 없었습니다. 이러한 문제를 해결하기 위해 영장 없이도 정보를 수집할 수 있도록 길을 열어주었습니다.

또한 외국인 테러리스트를 색출하기 위해 미국에 입국하는 외국인을 상대로 얼굴 사진 촬영과 지문 채취를 허용했습니다. 이로 인해 미국에 입국하는 모든 외국인은 공항에서 얼굴 사진을 찍고 디지털 스캐너에 지문을 남겨야 했습니다. 당시 미국 정부는 범죄를 저지른 사람만을 대상으로 얼굴 사진을 찍고 지문을 날인했기 때문에 외국인을 대상으로 하는 사진 촬영과 지문 채취는 모든 외국인을 예비 범죄자로 취급한 것이나 다름없었습니다.

국제관계는 상호 평등 관계이기 때문에 미국이 외국인을 상대로 지문 채취를 하면 상대국도 미국인을 대상으로 지문 채취를 해야 함에도 대부분의 국가는 미국의 눈치를 보느라 항의 외에는 아무런 조치도 취하지 못했습니다. 그런데 브라질이 미국인을 대상으로 사진 촬영과 지문을 채취하면서 미국과 마찰을 불러일으켰습니다. 브라질은 미국인이 입국하면 일반 카메라로 얼굴을 찍고 시커먼 인주로 지문을 채취했습니다.

브라질의 조치에 굴욕감을 느낀 미국인들은 거칠게 항의했지만 그럴 때마다 브라질 정부는 문제를 일으킨 사람에게 벌금을 부과했습니다. 한 미국인이 브라질 법원에 외국인에 대한 부당한 차별을 금지해

달라는 소송을 제기하기에 이르렀습니다. 브라질 법원은 "미국 정부의 사진 촬영과 지문 채취는 상당히 야만적이고 인간의 존엄성을 침해하기 때문에 과거 나치 독일이 유대인을 대상으로 저질렀던 악몽을 떠오르게 한다"라고 판결하면서 브라질의 조치가 미국의 전횡을 막기 위해 꼭 필요한 것이라고 밝혔습니다.

부시가 9·11 테러를 빌미로 사건이 발생한 지 1년 반 만에 의회에서 통과시킨 애국법은 인권 선진 국가에서는 정부가 감히 언급할 수 없을 정도로 인권침해적 요소가 많은 법이었습니다. 시간이 지나면서 테러의 상처가 차츰 아물자 미국 내에서 애국법을 폐지하자는 움직임이 일어났습니다. 애국법이 실시된 지 3년 만인 2004년 2월에 35개 주가 시행을 거부했을 정도로 이 법에는 문제가 많았지만 부시 대통령은 국가 안보를 위해 꼭 필요하다는 이유를 들어 반대했습니다.

아프가니스탄과 이라크 침공

부시는 미국이 9·11 테러 공격을 받은 직후 행한 대국민 연설에서 "알카에다와 배후 세력을 지구 끝까지 쫓아가서라도 반드시 응징하겠다"라고 선언했습니다. 9·11 테러를 기획한 오사마 빈 라덴은 중앙아시아의 이슬람 국가 아프가니스탄에 칩거하며 추가 범행을 계획하고 있었습니다.

부시는 오사마 빈 라덴을 즉각 내놓을 것을 요구했습니다. 당시 아

아시아 중앙부에 위치한 아프가니스탄

프가니스탄을 다스리던 통치 세력인 탈레반*에게 만약 미국의 요구에
응하지 않을 경우 대대적인 공격을 하겠다는 엄포를 놓았습니다. 그
러나 미국의 엄중한 경고에도 탈레반 지도자들은 오사마 빈 라덴을
넘겨주는 대신 미국과의 전면전을 선택했습니다.

2001년 10월 8일 미국이 아프가니스탄의 수도 카불 등 주요 도시
에 공습을 시작하면서 전쟁이 시작되었습니다. 미국은 압도적인 군사
력을 앞세워 첫 공격을 시작한 지 한 달 만에 아프가니스탄을 장악했
습니다. 그러나 오사마 빈 라덴이 이미 산악 지대 깊은 곳으로 잠적한
상태였기 때문에 알카에다 조직을 완전히 뿌리 뽑는 일에는 성공하지
못했습니다.

미국은 오사마 빈 라덴을 제거하는 데는 실패했지만 아프가니스탄

---

* 이슬람 원리주의 무장 세력, 1996년~2001년까지 아프가니스탄을 통치했다.

에서 탈레반 세력을 몰아내고 친미 정권을 세우는 데 성공했기 때문에 테러와의 전쟁은 어느 정도 성과를 거두었다고 볼 수 있는 상황이었습니다.

부시는 여기서 멈추지 않았습니다. 2002년 1월 국민을 상대로 한 연두교서*에서 이라크, 이란, 북한을 전 세계의 평화를 위협하는 '악의 축'이라고 규정하면서 결코 가만히 두지 않겠다고 선언했습니다. 같은 해 9월에는 유엔총회에 나가 이라크의 국가 지도자 사담 후세인을 향해 '테러 집단에 대한 지원 중단, 생화학 무기 등 대량 살상 무기의 즉각적인 폐기, 이라크 국민에 대한 억압 중단 등' 5개항의 요구 조건을 제시했습니다. 사담 후세인이 미국의 요구를 충실히 이행하지 않을 경우 권좌에서 축출하겠다는 경고도 잊지 않았습니다.

부시는 사담 후세인 정권이 미국을 공격한 테러 집단인 알카에다를 후원한다고 주장했지만 이는 사실과 거리가 멀었습니다. 이라크의 잔혹한 독재자였던 사담 후세인은 자신의 독재 권력 유지에 위협이 되는 무장 테러 조직 알카에다를 꺼렸기 때문에 지원하기는커녕 자국 내 알카에다 색출에 여념이 없었습니다. 또한 부시는 이라크가 생화학 무기 등 대량 살상 무기를 갖고 있다고 주장하며 수많은 증거를 들이댔지만 이는 모두 CIA에 의해 조작된 정보였습니다.

부시가 이라크를 침공하려고 한 진짜 이유는 경제적인 문제였습니

---

* 미국 대통령이 매해 초에 국가 상황을 설명하고 필요한 입법을 권고하기 위해 의회에 보내는 문서.

미국의 이라크 침공

다. 세계적인 산유국인 이라크는 그동안 석유 수출 대금을 전부 미국 달러화로 받아왔는데, 2000년대 들어 사담 후세인이 유로화*로 결제 통화를 바꾸려고 해 미국의 심기를 건드렸습니다.

제2차 세계대전 이후 미국의 달러화가 전 세계 공용 화폐가 되면서 미국은 엄청난 특권을 누렸습니다. 미국 정부는 재정 적자가 발생할 때마다 달러를 찍어내 메웠습니다. 미국에서 흘러나간 달러화는 세계 각국이 무역을 위해 외환보유고** 형태로 가능한 한 많이 보유하려고 했습니다. 그 때문에 미국 정부가 웬만큼 달러화를 찍어내더라도 별다른 문제가 되지 않았습니다. 그러나 사담 후세인이 석유 결제 대금을 유로화로 바꾸려고 하자 이란, 러시아, 베네수엘라 등 미국과 사이가 좋지 않은 산유국이 후세인의 조치에 동조해 미국은 애가 탔습니다.

---

* 유럽연합에서 사용하는 단일 화폐.
** 국가 차원에서 보유하는 외국 통화. 환율 안정 등을 위해 사용한다.

단일 상품으로는 전 세계에서 가장 많이 거래되는 석유의 결제 대금이 유로화로 바뀔 경우 미국 달러화의 위상은 급격히 추락할 수밖에 없고 이는 미국 경제의 몰락을 의미했습니다.

사담 후세인을 눈엣가시로 여긴 미국은 그를 제거할 기회를 엿보고 있었습니다. 그러나 주권국의 지도자를 제거하는 일은 좀처럼 쉽지 않았는데, 9·11 사건이 벌어지자 미국 정부는 사담 후세인을 테러의 배후로 몰아붙였습니다.

2003년 3월 20일 부시는 세계 평화를 위한다는 명분으로 결국 이라크를 침공했습니다. 이라크는 아프가니스탄과는 다르게 100만 명이 넘는 대군을 보유한 나라로 러시아제 무기도 대량으로 보유하고 있었지만 미국의 적수가 되지는 못했습니다. 미국은 이라크를 침공한 지 40일 만에 후세인 정권을 몰아내며 승리를 선언했습니다. 그러나 당초 미국이 호언장담한 것처럼 이라크에 평화가 찾아오기는커녕 어둠의 그림자가 엄습했습니다.

전쟁 대행 주식회사

중동 지역의 무슬림은 양대 종파인 수니파와 시아파*로 나눌 수 있

---

* 수니파와 시아파는 각각 이슬람의 정통 종파이다. 수니파는 이슬람 예언자 무함마드의 언행(순나, Sunnah)을 따르는 종파로 다수파이다. 시아파는 무함마드의 혈통 알리를 정통 예언자로 추종하는 종파로 소수파이다.

는데, 이 가운데 수니파는 전체 무슬림의 85~90퍼센트가량 차지하며 다수의 위치를 확보하고 있었습니다. 이에 반해 시아파는 10~15퍼센트로서 중동 전체에서는 소수파에 속하나 이란과 이라크에서는 다수파의 지위를 이루고 있었습니다.

이란은 시아파의 종주국인 만큼 시아파가 인구의 90퍼센트로서 절대다수를 차지하며 막강한 영향력을 행사했지만 이라크는 달랐습니다. 이라크는 인구의 60퍼센트가량이 시아파로서 다수파를 형성했지만 수니파 출신인 사담 후세인이 오랜 기간 독재정치를 하면서 시아파 무슬림은 탄압의 대상으로 전락하고 말았습니다.

1979년 사담 후세인이 권좌에 오른 이후 철저히 수니파만을 중용해 요직에 앉혔기 때문에 시아파는 권력에서 멀어질 수밖에 없었습니다. 그는 시아파가 저항할 때마다 생화학 무기를 사용하는 등 무고한 살상을 일삼아 시아파 무슬림의 가슴속에 깊은 상처를 남겼습니다.

2003년 미군이 후세인 정권을 무너뜨리자 시아파는 이를 대대적으

시아파 정권에 저항하는
이라크의 수니파

이라크 주둔 미군을 격려하는 부시

로 환영하며 미군에 적극 협조했습니다. 이에 반해 후세인의 몰락으로 기득권을 잃어버린 수니파는 미국과 시아파에 대한 반감이 극에 달했습니다. 결국 분노한 수니파들이 힘을 합쳐 미군과 시아파를 상대로 무력 투쟁을 벌이면서 이라크 사태는 내전으로 비화되었습니다.

미군은 앞서 이라크군을 손쉽게 제압할 수 있었지만, 평상복을 입고 미군에게 수시로 테러를 저지르는 수니파 무장 단체는 상대하기가 훨씬 어려웠습니다. 폭탄을 온몸에 두르고 미군을 향해 돌진하는 수니파 무장 세력의 공격으로 미군의 인명 손실이 갈수록 늘었습니다. 싸늘한 주검으로 돌아오는 미군이 늘어나자 미국 국민은 이라크전쟁에 대해 거부감을 갖게 되면서 반전 여론도 점차 강해졌습니다.

부시에게 이라크는 포기하고 싶지 않은 매력적인 나라였습니다. 미국의 석유 회사가 막대한 매장량을 자랑하는 이라크의 석유 개발권을 차지한다면 석유 통제권이 한층 강해질 수 있기 때문이었습니다. 더구나 부시는 이라크를 중동 지역의 거점으로 삼아 오랫동안 미국과 앙숙 관계였던 이란을 견제하려고 했습니다.

이와 같이 경제적·전략적 가치가 충분한 이라크에서 손을 떼고 싶지 않던 부시는 미군의 피해를 줄이고 국민의 원성을 잠재우기 위해 돈을 받고 전쟁을 대신 해주는 회사를 적극적으로 활용하기 시작했습니다.

과거의 군대는 모든 것을 자급자족하는 집단이었습니다. 취사병이 음식을 만들어 동료 병사들을 먹였으며 이발을 하거나 구내매점에서 물건을 파는 병사가 따로 있어 사회와는 격리되어 완전히 독립적으로 운영되었습니다. 그러나 국방을 돈벌이 수단으로 여긴 기업들이 정치인과 결탁해 이발·식당·세탁 등 비전투 분야에 진출하면서 나라를 지키는 일은 비즈니스 대상이 되고 말았습니다.

정치인과 끈끈한 관계를 유지하던 일부 기업은 군인을 상대로 한 각종 서비스를 제공하면서 막대한 돈을 끌어모을 수 있었지만 이를 문제 삼는 국민도 많았습니다. 그럴 때마다 미국 정부는 "군인이 본연의 임무인 전투에 집중하려면 전투와 직접적인 관련이 없는 부수적인 일은 외부에 맡기는 것이 낫다"라고 주장하면서 국민을 설득하려고 했습니다.

부시는 이라크 침공 이후 미군 희생자가 늘어나자 군대의 가장 핵

블랙워터 창립자
에릭 프린스
(출처:CBS)

심적인 임무인 전투까지 민간 기업에 맡겼습니다. 이때 가장 주목받은 회사가 블랙워터Black Water였습니다.

블랙워터는 미국 해군 최정예 특수부대인 네이비실Navy SEAL 출신의 에릭 프린스Erik Prince가 세운 회사로서 요인 경호·물자 수송·전투 행위 등 전쟁터에서 돈이 되는 일이라면 물불을 가리지 않고 취급하는 업체였습니다.

블랙워터의 최고 경영자는 아버지 부시 대통령 시절 백악관에서 근무한 인물로 부시 가문과는 인연이 깊었습니다. 블랙워터는 미국의 세계적인 석유 개발 업체인 핼리버튼Halliburton의 계열사로서 2001년 부시 행정부가 출범하기 이전까지 부통령 딕 체니Dick Cheney가 최고 경영자로 있던 회사였습니다.

이라크전쟁이 일어나자 부시와 딕

미국 부통령 딕 체니

미국 정부가 고용한
사설 무장 요원들

체니는 일감을 핼리버튼과 계열사인 블랙워터에 몰아주며 수십억 달러에 이르는 수익을 안겨주어 논란을 빚었습니다.

게다가 블랙워터는 국제법상으로 엄격히 금지된 전투 임무까지 수행하면서 많은 문제를 일으켰습니다. 블랙워터 직원들은 이라크 전역을 무대로 전투를 포함한 다양한 임무를 수행하는 과정에서 이라크 민간인을 사살하며 국제법을 어겼습니다.

2007년 10월 블랙워터 직원들이 이라크의 수도 바그다드에서 총기를 난사해 민간인 17명이 사망하는 사건이 발생했는데, 범죄를 저지른 이들이 아무런 처벌을 받지 않고 미국으로 떠나자 이라크 국민은 크게 분노했습니다. 이전에도 블랙워터 직원이 이라크 부통령의 경호원을 살해하는 사건이 일어났지만 아무도 처벌받지 않았습니다.

이와 같이 이라크전쟁은 기존 전쟁과 달리 전쟁 대행 회사가 판을 치는 양상을 보였습니다. 게다가 후세인이 권좌에서 쫓겨난 후 미국의 석유 기업들이 이라크 석유 개발권을 독차지하면서 전 세계 사람들의 따가운 시선을 받기도 했습니다.

테러 집단 IS

시간이 지나자 이라크 내 수니파 무슬림은 세력을 모아 IS_{Islamic State}(이슬람국가)라는 극단주의 테러 집단을 조직해 이라크와 국경을 맞댄 시리아를 넘나들며 급속도로 세력을 넓혀갔습니다.

시리아는 수니파가 다수를 이루는 나라였지만 시아파 출신 독재자 알 아사드_{Al-Assad}가 수십 년간 철권통치를 하면서 수니파를 탄압했습니다. 시리아 수니파는 이라크 수니파와 뜻을 모아 알 아사드 정권을 공격했습니다. 이때 수많은 민간인이 대량 학살을 당했습니다. 힘없는 시리아 국민이 목숨을 건지기 위해 인근 국가와 유럽으로 탈출하는 과정에서 수많은 난민이 발생했습니다.

IS대원의 활보

미국은 이라크에서 사담 후세인을 몰아내는 데는 성공했지만 당초 부시가 장담한 중동 평화는 오지 않았습니다. 오히려 이라크전쟁의 여파로 생겨난 테러 조직 IS가 득세하면서 전 세계는 이들이 저지르는 테러의 공포에 시달리게 되었습니다.

비밀 감옥 블랙사이트

부시는 국민 앞에 위신을 세우기 위해 9·11 테러를 총괄한 오사마 빈 라덴을 반드시 잡아야 했지만 아프가니스탄과 파키스탄 접경의 깊은 산악 지대에 잠입한 그를 잡기란 좀처럼 쉽지 않았습니다. 처음에 미국 정부는 생포한 테러리스트를 자국 내에서 취조했지만 오사마 빈 라덴이 숨은 장소를 순순히 털어놓는 사람은 한 사람도 없었습니다.

오사마 빈 라덴에 관한 정보를 알아내기 위해 부시는 전 세계 10여 개국에 블랙사이트Black site라는 비밀 감옥을 만들었습니다. 미국 내에서는 고문 행위가 법에 의해 금지되기 때문에 의도적으로 미국을 제외한 해외에 비밀 감옥을 운영하며 혹독한 방법으로 알카에다 출신 테러범을 신문하기 시작했습니다. 비밀 감옥은 폴란드·루마니아·리투아니아 등 동유럽 지

블랙사이트 운영에 관한 문서

쿠바의 관타나모 미군 기지 　　　악명 높은 관타나모 수용소

역의 여러 나라에 세워졌고 심지어 바다 위에도 만들어졌습니다.

CIA는 동유럽 국가 비밀 감옥 운영에 대해 해당 국가에 수천만 달러를 제공했습니다. 이것으로도 부족해 미국은 17척의 감옥함Prison ship을 운영하면서 테러리스트로 의심되는 사람들을 마구잡이로 배에 실어 고문했습니다. 비밀 감옥에는 수천 명의 테러 용의자가 불법으로 감금되어 있었는데, 이들에게 가해진 일은 상상을 초월했습니다. 영하의 방에 사람들을 가둔 뒤 수시로 찬물을 붓거나, 공중에 매단 상태로 입에 물을 붓고, 야구방망이로 기절할 때까지 때리는 등 현대 민주주의국가에서 일어날 수 없는 잔혹한 고문이 일상으로 진행되었습니다.

고문의 후유증으로 정신착란과 신체장애를 겪는 피해자가 쏟아져 나오자 그제서야 비밀 감옥의 존재가 세상에 드러나게 되었습니다. 미국 정부는 처음에는 그 존재를 강력히 부인하다가 피해자의 구체적인 증언이 끊임없이 쏟아져나오자 결국 모든 사실을 실토할 수밖에 없었습니다.

2006년 9월 부시는 대국민 연설을 통해 비밀 감옥의 존재를 인정하고 곧바로 테러 용의자들을 비밀리에 빼내 쿠바의 관타나모 미군 기지로 이송했습니다. 그곳에서도 테러 용의자에 대한 부당한 처우가 이루어졌고 이는 부시 대통령의 임기 내내 계속되었습니다.

부동산 버블 붕괴

1980년대까지 불황에 허덕이던 미국 경제는 1990년대 들어 정보기술(IT)산업을 기반으로 크게 번영해 황금기를 누렸습니다. 그러나 2000년대 들어 IT산업이 성장 한계점에 다다르면서 미국 경제도 가라앉기 시작했습니다. 엎친 데 덮친 격으로 2001년 9·11 테러가 발

뉴욕의 고층 건물

생하자 미국 경제는 더 빠른 속도로 악화되었습니다. 이 문제를 해결하지 못하면 부시의 재선은 불가능한 상황이었습니다.

당시 미국의 경제 전문가들이 가장 우려한 것은 미국 경제가 일본처럼 장기 불황의 나락으로 떨어질 가능성이었습니다. 1960년대부터 1980년대까지 무려 30년 동안 일본 경제는 눈부신 성장을 거듭했습니다. 최고의 품질에다 가격도 합리적인 일본 제품이 전 세계 사람들의 사랑을 받자 일본은 해마다 큰 폭의 무역 흑자를 냈습니다. 30년간 이어진 일본의 경기 호황은 부동산 가격을 끊임없이 끌어올렸고, 국민의 구매력에 비해 부동산 가격이 지나치게 높아진 결과 부동산 버블이 생겨났습니다.

1990년대 초 일본의 부동산 버블이 터지면서 일본 경제는 깊은 수렁으로 빠져들었지만 일본 정부는 이에 제대로 대응하지 못해 몰락의

뉴욕증권거래소

길을 걷게 되었습니다.

부시 행정부는 미국 경제가 일본처럼 극심한 경기 침체에 빠지는 것을 막기 위해 은행의 대출 이자율을 크게 낮춰 1퍼센트 수준으로 유지했습니다. 저금리 정책으로 이자 부담이 거의 없게 되자 많은 사람이 대출을 받아 부동산에 투자를 했습니다. 처음에는 돈 있는 사람들을 중심으로 부동산 투자가 이루어졌지만 시간이 흐를수록 경제적으로 넉넉하지 않은 사람들도 참여하면서 부동산 시장은 점차 투기판으로 변해갔습니다. 은행들도 앞다투어 가난한 사람들에게까지 적극적으로 돈을 빌려주며 부동산 투기를 부추겼습니다.

은행이 집값의 100퍼센트를 낮은 이자율로 대출해주자 소득이 거의 없는 사람들까지 은행에서 돈을 빌려 집을 구입했습니다. 부자부터 극빈자에 이르기까지 대부분의 미국 사람이 부동산 투자에 발 벗고 나서자 집값은 하늘 높은 줄 모르고 치솟았습니다.

끝도 없이 집값이 오르자 집을 가진 사람들은 마치 부자가 된 듯 착각했고 소비를 늘리며 흥청망청 살았습니다. 부시 대통령 임기 동안

리먼 브라더스 회사 로고

대통령 임기를 마치고
고향으로 떠나는
부시 부부

국민이 1인당 평균 9장의 신용카드를 돌려막으며 과소비를 일삼은
결과 미국 경제 전체에 거품이 생겨났습니다.

부시 대통령 임기 마지막 해인 2008년 미국 굴지의 투자은행 리먼
브라더스Lehman Brothers가 파산하면서 미국발發 금융 위기가 시작되었
습니다. 158년 전통을 지닌 리먼 브라더스는 파산 당시 부채가 무려
6,000억 달러가 넘었을 정도로 막대했고, 이 회사의 파산은 미국 경제
를 파국으로 몰아넣었습니다.

예상치 못한 금융 위기가 찾아오자 금융기관들은 파산하거나 심각
한 경영 위기를 맞이했고 주가와 부동산 가격도 순식간에 폭락했습니
다. 부동산 버블 덕분에 버텨나가던 미국 경제가 리먼 브라더스 파산
을 시작으로 얼어붙자 소비 심리도 급격히 위축되어 재고품이 산더미
처럼 쌓여갔습니다.

미국 제조업의 상징이자 미국 내 수많은 공장을 운영하던 GM은

당시 현직 대통령 오바마와
전직 대통령 클린턴을 만난
퇴임 후의 부시

현직 대통령 트럼프와 만난
퇴임 후의 부시

차량 판매가 크게 줄면서 파산의 궁지에 몰렸습니다. GM뿐 아니라
셀 수 없이 많은 기업이 위기를 맞게 되었고 미국의 경제적 위상은 크
게 추락했습니다.

싸늘한 평가

2009년 1월 경제 위기 한복판에서 부시 대통령은 임기를 마쳤습니
다. 부시는 집권 내내 극소수 부유층을 위한 경제정책을 펼쳐 그가 백
악관을 떠날 무렵 미국 내 중산층 이하 사람들의 삶은 더욱 힘들어졌

습니다. 게다가 임기 마지막 해에 금융 위기가 발생하자 수많은 사람이 일자리를 잃었고 대출을 받아 산 집도 잃게 되었습니다. 모든 것을 한순간에 잃은 사람들은 공유지에 천막을 치고 살게 되었습니다. 사람들은 부시 대통령의 실정을 조롱하는 의미에서 이곳을 '부시 마을'이라 불렀습니다.

유권자들은 공화당 출신 부시 대통령의 거듭된 실정에 크게 실망했고 2008년 겨울에 실시된 대선에서 공화당 후보를 피해 민주당의 버락 오바마 후보를 선택했습니다. 흑인인 오바마는 백인이 주류 사회인 미국에서 대통령에 당선되기가 쉽지 않았지만, 부시가 제2차 세계대전 이후 최악의 대통령으로 거론될 만큼 국민의 미움을 받은 덕분에 미국 최초의 흑인 대통령이 될 수 있었습니다.

부시 대통령 입장에서 보면 역대 최악의 대통령으로 불리는 것에 억울한 면도 있습니다. 부시가 집권한 지 8개월 만에 미국 역사상 최초로 본토가 공격받은 9·11 테러 사건이 발생했습니다. 그는 사상 초유의 사태를 해결하기 위해 임기 내내 테러와의 전쟁에 시간을 보내야 했습니다. 또한 얼어붙은 경제를 살리는 방법인 초저금리 정책은 당시 그가 선택할 수 있는 거의 유일한 정책이었습니다.

이와 같이 부시는 집권 기간 내내 대내외적인 악재들과 싸우면서 시간을 보냈으며 이로 인해 임기 중 뚜렷한 업적을 내지 못한 대통령으로 역사에 남게 되었습니다.

★

진정 내가 어떤 사람인지가
더 중요해요

미국 대통령만큼이나 국민의 관심을 받는 사람이 영부인이다. 그동안 수많은 개성을 지닌 영부인이 백악관을 거쳐 갔다. 엘리너 루스벨트는 국정에 대한 자신의 의견을 피력하고 사회적 약자를 보호하는 활동을 활발하게 펼쳤고, 힐러리 클린턴 역시 정치에 적극적으로 관여하면서 훗날 대통령 선거에 나서기도 했다. 반면 조지 H. W. 부시의 영부인이자, 아들인 조지 워커 부시의 어머니 바버라 부시는 존재감을 드러내지 않는 조용한 내조로 유명했다.

바버라는 미국을 대표하는 명문가인 피어스 가문 출신으로 제14대 대통령 프랭클린 피어스를 배출할 정도로 영향력 있는 집안의 여성이었다. 1925년 억만장자의 딸로 태어난 바버라는 16살 때 크리스마스 파티에서 역시 명문 가문 출신인 조지 H. W. 부시를 만나 사랑에 빠져 4년 후에 결혼에 이르렀다. 바버라는 일찌감치 결혼해서 대학에는 가지 않았고, 남편 내조와 자녀들의 교육에 충실했다.

그녀는 어릴 적 남부러울 것 없는 환경에서 자랐음에도 사치와는 거리가 멀었다. 1970년대 남편인 조지 H. W. 부시가 오늘날 미국 대사관에 해당하는 베이징 주재 연락사무소 소장으로 근무할 당시, 자전거를 함께 타고 중국 곳곳을 누벼 화제를 모으기도 했다. 부부는 그렇게 자전거를 타고 가다 길에서 만난 중국인들과 격식 없는 대화를 나누었는데 이런 모습들도 중국인에게 좋은 인상을 남겼다.

바버라는 영부인이 된 이후에도 화장기 없는 얼굴에 검소한 복장으로 다녔다. 한 대학교의 졸업 연설에 초청받아 "내가 남들에게 어떻게 보이나 하는 문제보다, 진정 내가 어떤 사람인지가 더 중요하다"라며 사랑, 배려, 친절, 공감의 중요성을 강조했고, 이외에도 솔직하고 부지런한 삶으로 미국인의 모범이 되었다. 그녀는 먼저 나서는 일은 없었지만, 사람들과 만나면 특유의 재치를 발휘해 상대방을 즐겁게 해주는 사람이었다고 한다.

바버라의 인생철학은 자녀들의 인성에도 큰 영향을 미쳐 성공의 밑거름이 되었다. 큰아들 조지 워커 부시는 대통령이 되었고 둘째 아들 제프리 부시는 플로리다 주지사가 되어 훗날 대선에 도전하기도 했다. 남편과 자녀들이 성공할 수 있도록 뒤에서 묵묵히 최선을 다한 바버라의 모습은 미국인들에게 잔잔한 감동을 주었다.

2018년 4월에 바버라가 93세의 나이로 세상을 떠나자 미국에는 추모의 물결이 일었다. 조지 워커 부시는 추모식장에서 눈물을 글썽이며 그동안 자녀들에게 헌신한 어머니에 대한 무한한 감사를 표현했다. 가족의 가치를 소중하게 여기며, 염색하지 않은 하얀 머리와 소박함으로 '국민 할머니'로 미국인들 마음속에 자리 잡은 바버라는 부시 가문의 가장 소중한 자산이기도 하다.

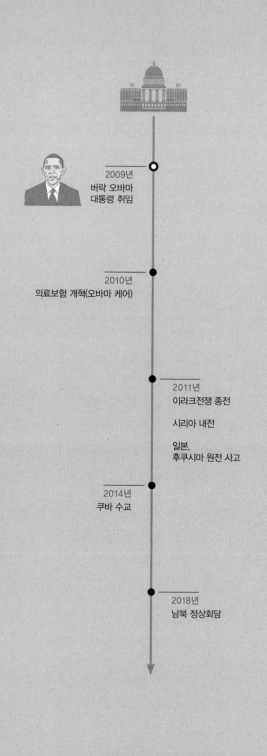

2009년
버락 오바마
대통령 취임

2010년
의료보험 개혁(오바마 케어)

2011년
이라크전쟁 종전

시리아 내전

일본,
후쿠시마 원전 사고

2014년
쿠바 수교

2018년
남북 정상회담

— 14 —

최초의 흑인 대통령

버락 오바마

미국 제44대 대통령. (2009~2017)
흑인 아버지와 백인 어머니 사이에서 태어난 흑백 혼혈인으로, 미국 최
초의 흑인 대통령이다. 평화주의를 표방하여 군비를 줄이고, 대신 의료
보험 개혁과 제조업 활성화 등 기반 산업 육성에 힘썼다.

흑인 아버지와 백인 어머니

버락 오바마의 부모는 하와이대학교 경제학과에서 만나 결혼했습니다. 아버지인 버락 오바마 시니어_{Barack Obama, Sr}는 대학교에 입학해 만난 백인 여학생 스탠리 앤 던햄_{Stanley Ann Dunham}과 결혼했습니다. 그는 이 학교에서 유일한 흑인 아프리카 유학생이었습니다.

당시 미국은 22개 주에서 흑인과의 결혼을 법으로 금지하고 있을 정도로 인종차별이 만연한 사회였습니다. 두 사람의 결혼은 단 한 명의 하객도 없이 썰렁한 분위기에서 치러졌습니다. 1961년 부부는 아들을 낳았는데 자식 이름을 아버지와 똑같은 '버락 오바마'라 지었습니다. 이 아이가 훗날 미국 최초의 흑인 대통령이 된 버락 오바마입니다. 이후 어머니는 아들을 돌보기 위해 학교를 그만두고 아버지만 학업을 지속했습니다.

1963년 버락 오바마의 아버지는 하버드 대학교 초청으로 대학원 과정을 공짜로 유

버락 오바마 시니어

학할 기회를 잡게 되자, 처자식을 남긴 채 홀로 하버드대학교가 있는 보스턴으로 떠났습니다. 이후 연락을 점점 줄이더니 1964년 아내에게 이혼을 요구했습니다.

사실 두 사람의 결혼은 사기에 가까웠습니다. 버락 오바마의 아버지는 미혼 행세를 했지만 케냐에 부인을 두고 있던 유부남이었습니다. 영국의 식민지 케냐에서 태어난 버락 오바마의 아버지는 1959년 미국 정부가 가난한 제3세계 학생에게 부여하는 유학의 기회를 잡아 하와이로 유학을 갔다가 던햄을 만났습니다.

미국 정부는 오래전부터 친미 세력을 육성하기 위해 아프리카나 아시아의 영리한 학생들에게 미국으로 유학할 수 있는 기회를 제공했는데, 미국에서 유학한 학생 대부분은 본국으로 돌아가서 승승장구하며 미국과 긴밀한 관계를 유지하곤 했습니다.

결국 부부는 이혼했고, 어린 오바마는 홀어머니 곁에 남게 되었습니다. 어머니인 던햄은 어린 자식과 친정집으로 들어가 살면서 그동안 중단한 학업을 이어갔습니다.

던햄은 인도네시아에서 유학 온 학생과 다시 사랑에 빠져 재혼했습니다. 1967년 그녀는 여섯 살짜리 아들 오바마를 데리고 새 남편의 모국인 인도네시아 자카르타로 이주해 새로운 인생을 살았습니다. 얼마 후 이부異父 여동생 마야Maya가 태어났습니다.

인종적 열등감과 정체성 부재

오바마의 어머니가 재혼한 사람은 정유 회사 중역이었기 때문에 당시 오바마는 경제적으로 아무런 부족함 없이 지냈습니다. 하지만 어린 오바마는 자신의 정체성에 혼란을 겪기 시작했습니다. 새아버지는 동남아시아 사람에다가 무슬림이었고, 어머니는 백인에 크리스천인데, 본인은 흑인이었기 때문입니다. 오바마는 인도네시아에서 사는 동안 어디에 가든지 검은 피부색 때문에 인종차별을 당했습니다.

오바마의 어머니는 재혼한 지 5년 만에 남편과 사이가 멀어지면서 다시 이혼을 준비했습니다. 1971년 자녀들을 먼저 하와이 친정집으로 보내고 이듬해 이혼한 뒤 하와이로 돌아와 대학원에 진학해 인류학을 공부했습니다. 그녀는 학업을 핑계로 이곳저곳을 돌아다니느라 아이들을 돌보는 일에 소홀했습니다. 이로 인해 오바마의 외할머니가 아이들 양육을 책임지게 되었습니다.

오바마의 외가는 경제적으로 윤택한 편이 아니었기 때문에 외할머니는 손자를 공부시키기 위해 직장을 구해야 했습니다. 이들은 원래 미국 캔자스주 출신이었으나, 가구 사업을 하려고 하와이로 이주했습니다. 사업이 생각만큼 잘 풀리지

오바마의 외조부모

푸나호우고등학교

않아 그들은 방 두 칸짜리 조그마한 아파트에서 근근이 생계를 이어
가는 처지였습니다.

은행에 취업한 오바마의 외할머니는 성실하게 일해서 회사 내에서
좋은 평가를 받았습니다. 그녀는 손자를 하와이 최고 명문 사립 푸나
호우Punahou고등학교에 보내 최상의 교육 환경을 제공해주었습니다.
푸나호우고등학교는 최상급 교육 시설을 완비한 훌륭한 학교지만 학
비가 무척 비싸 웬만한 사람들은 자녀를 보낼 수 없었습니다. 그러나
수입의 대부분을 손자에게 쓸 정도로 교육열이 강했던 외할머니는 오
바마의 어머니가 하지 못한 역할을 대신해주었습니다.

오바마는 하와이 최고 명문 고등학교에 다녔지만 공부를 열심히
하지는 않았습니다. 학창 시절 내내 아버지에게 버림받았다는 슬픔
과 제대로 돌보지 않는 어머니에게 불만이 있었습니다. 결국 오바마

는 명문 대학으로 진학하지 못했고 로스앤젤레스 옥시덴탈Occidental대학에 진학했습니다. 대학 진학으로 외할머니와 떨어지게 된 오바마는 이전보다 더욱 방황했습니다.

미국은 다양한 인종이 모여 살지만 서로 화합을 이루기보다는 인종별로 분리되는 경우가 많습니다. 학교·식당·교회 등 거의 모든 공간이 인종별로 나뉘는 나라가 미국입니다.

흑백 혼혈아인 오바마는 자신이 어느 곳에 서야 할지 알 수 없었습니다. 백인 입장에서 보면 영락없는 흑인이고, 흑인의 입장에서 보면 백인을 많이 닮아 있었습니다. 인종적 열등감과 정체성 부재로 인한 스트레스 때문에 그는 학교 내에서 주변인이 되어 갈팡질팡했습니다. 그동안 술과 담배 심지어 마약에까지 손을 대며 망가져갔습니다.

뿌리를 찾는 여행

방황하던 오바마에게 컬럼비아대학교로 편입할 수 있는 기회가 생겼고, 이는 그에게 인생의 전환점이 되었습니다. 컬럼비아대학교는 미국의 대표적인 명문 대학으로 미국을 빛낸 인재들의 요람이었습니다. 옥시덴탈대학에서 2학년까지 마친 후 학구적인 분위기의 컬럼비아대학교로 편입한 오바마는 열심히 공부하며 지난날의 부진을 만회해갔습니다.

1983년 컬럼비아대학교를 마친 오바마는 취업 대신 시민운동가로서의 삶을 시작했습니다. 그는 가난한 흑인들을 돕기 위해 일리노이

컬럼비아대학교

주 시카고로 갔습니다. 1980년대 시카고는 제조업 기반이 붕괴되고 있던 상황이라 일자리를 잃어버린 수많은 흑인이 빈곤과 범죄의 나락에서 고통받고 있었습니다.

오바마는 흑인 빈민가로 스며들어 그들을 도우려고 했지만 머지않아 할 수 있는 일이 별로 없다는 것을 깨달았습니다. 돈과 권력이 없던 오바마가 흑인 빈민들에게 해줄 수 있는 일이라고는 "희망을 잃지 말고 열심히 살라"는 말밖에 없었습니다.

오바마는 현실적 한계를 절감하고 흑인에게 실질적인 도움을 주기 위해 변호사가 되기로 결심했습니다. 미국 사회의 바닥을 벗어나지 못하고 있던 흑인들은 억울한 일을 당해도 마땅히 도움받을 곳이 없었기 때문에 자신의 권리를 제대로 행사하지 못하고 있었습니다.

1988년 오바마는 하버드대학교 로스쿨에 진학하기 직전에 뿌리를 찾기 위해 5주간 일정으로 케냐로 갔습니다. 오바마의 아버지는 하버드대학교를 마친 후 고향으로 돌아가 경제 관련 공무원으로 일했지만, 케냐의 초대 대통령인 조모 케냐타Jomo kenyatta의 눈 밖에 나서 공직에서 쫓겨났습니다. 이후 좌절감에

케냐에 간 오바마

사로잡힌 그는 술로 세월을 보내다가 알코올의존증에 걸렸고, 결국 1982년 교통사고로 46세의 젊은 나이에 세상을 떠났습니다. 그는 케냐로 돌아가 3번 더 결혼했고, 6명의 자녀를 세상에 남겼습니다. 아버지의 고향인 그곳에서 오바마는 이복형제와 친척들을 만날 수 있었습니다.

오바마는 케냐에서 빈곤에 허덕이는 이복형제의 모습을 보았습니다. 그리고 아버지가 없이 자란 자신의 처지가 훨씬 낫다는 사실을 알게 되었습니다. 이를 계기로 오바마는 자신을 버리고 떠난 아버지에 대한 해묵은 분노를 떨쳐낼 수 있었고 비로소 정신적 방황에서 벗어났습니다.

하버드 로 리뷰 편집장

미국으로 돌아온 오바마는 하버드 로스쿨에서 인생의 새로운 이정표를 세웠습니다. 미국 역사상 최초의 흑인 대통령이 되려는 야심을

품고, 꿈을 이루기 위해 철저히 준비해나갔습니다. 오바마는 하버드 로스쿨 교내 학술지 〈하버드 로 리뷰Harvard Law Review〉 편집장 자리에 도전했습니다. 미국 내에서 하버드대학교의 교내 학술지 편집장은 리더십을 인정받는 자리이자 미국 사회의 주류 집단을 의미하는 위치였습니다. 마침내 오바마는 하버드 역사상 최초로 흑인 편집장으로 뽑혔고, 이는 그에게 성공의 발판이 되어주었습니다.

1990년 2월 미국의 유력 일간지 〈뉴욕타임스〉는 '〈하버드 로 리뷰〉 104년 역사상 최초의 흑인 편집장'이라는 기사를 내보내며 오바마의 존재를 세상에 알렸습니다.

1991년 하버드 로스쿨을 우등으로 졸업한 오바마는 대형 법률회사

하버드대학교

에서 영입 제의가 잇따랐지만 모
두 사양하고 시카고로 갔습니다.
뉴욕의 대형 로펌에서 일하면 높
은 연봉을 받을 수 있었지만, 본인
이 원하던 정치인의 길을 걷기 힘
들었기 때문입니다.

일리노이주 상원 의원 시절의 오바마

시카고로 돌아온 오바마는 돈벌
이보다는 흑인의 인권 보호에 앞장서며 성실하고 좋은 이미지를 쌓아
갔습니다.

중앙 정치 무대 등장

1996년 지역 사회에 어느 정도 이름을 알린 오바마는 일리노이주
상원 의원 선거에 출마해 별 어려움 없이 당선되었습니다. 1998년 재
선에 성공하며 한껏 자신감을 얻은 그는 2000년 연방 하원 의원 선거
에 도전했지만 민주당 경선에도 통과하지 못하는 좌절을 맛보았습니
다. 오바마는 일리노이주 상원 의원으로 있으면서 빈민을 위한 세금
혜택, 사회보장제도 개선, 육아 재정 확대 등 사회적 약자를 위한 법
안 마련에 힘쓰며 적지 않은 업적을 남겼습니다.

중앙 정치 무대에 진출하지 못해 애를 먹고 있던 오바마에게 일생
일대의 행운이 찾아왔습니다. 2004년 미국 민주당이 오바마가 살고

연방 상원 의원이 된 오바마

있던 일리노이에서 전당대회*를 개최했는데, 오바마가 기조연설**을 할 기회를 얻었습니다. 민주당 전당대회는 방송을 통해 미국 전역에 중계되기 때문에 정치인으로서 국민에게 얼굴을 알릴 수 있는 최상의 기회였습니다.

오바마는 자신의 존재를 국민에게 명확히 인식시키기 위해 자신의 성장 과정을 최대한 활용하기로 마음먹었습니다. 오바마는 연설문 도입부에서 "링컨의 고향 일리노이를 대표하여 저에게 이번 전당대회 연설의 특혜를 허락해주셔서 감사합니다. 저의 할아버지는 영국인의 노예로서 요리사였고, 아버지는 케냐의 작은 마을에서 태어나 염소몰이로 자랐으며 낡아빠진 지붕 아래서 학교에 다녔습니다. 그러나 미국의 도움으로 꿈의 나라인 미국에서 공부할 수 있었습니다. 저의 어머니는 캔자스 작은 마을 출신으로 아버지와 멋진 사랑을 나누었습니다"라면서 청중의 호기심을 불러일으켰습니다.

사실 오바마의 부모는 행복한 결혼 생활을 하지 못했지만 오바마는

---

* 주요 공직 후보자를 선발하거나, 당의 정책을 결정하는 과정에서 당 대표들이 모여서 개최하는 회의.
** 전당대회, 학회 등에서 주요 인물이 기본 정책과 방향을 밝히는 연설.

인종을 뛰어넘는 애절한 사랑처럼 아름답게 꾸며, 듣는 사람에게 감동을 주었습니다. 이외에도 미국인이 듣고 싶어하는 이야기가 무엇인지 잘 파악해 준비한 오바마의 기조연설은 성공적이었습니다.

오바마의 연설문을 들은 미국인들은 그가 미국의 모든 문제를 해결해줄 수 있을 것 같은 환상을 품게 되었습니다. 매스컴은 실로 엄청난 영향력을 발휘했고, 그는 어느 순간 미국을 구원해줄 '검은 케네디*'로 변신해 있었습니다. 오바마는 한순간에 전국적인 정치 스타가 되었습니다.

그해 치러진 연방 상원 의원 선거에서 오바마는 공화당 후보에게 압승을 거두며 중앙 정계 진출에 성공했습니다. 과거 연방 하원 선거에서 민주당 내 경선에서도 뽑히지 못했던 그는 언론의 힘을 등에 업고 단번에 연방 상원 의원이 되었습니다. 이후에도 오바마는 언론을 최대한 이용하여 자신을 적극적으로 알려나갔습니다.

미국 최초의 흑인 대통령

2007년 2월 오바마는 과거 링컨 대통령이 흑인 노예해방을 부르짖던 일리노이주 정부 청사 앞에서 대권 도전의 출사표를 던졌습니다. 뛰어난 선동가였던 오바마는 언론과 지지자들 앞에서 자신이야말로

---

* 케네디와 오바마의 이력은 차이가 크지만, 정치 신인 오바마가 '변화'를 내세우며 불러온 신선한 돌풍을 진보의 상징 케네디에 빗댄 것.

대통령 취임식장으로 향하는 오바마

미국을 뿌리째 바꿔놓을 개혁가라고 주장하며 지지를 호소했습니다.

당시 오바마가 대통령에 당선되기란 낙타가 바늘구멍에 들어가는 것이나 마찬가지였습니다. 미국 전체 인구에서 백인 비율이 70퍼센트에 육박하는 상황에서 흑인이 대통령에 당선되기란 불가능에 가까웠습니다.

이때 오바마를 도와준 사람이 바로 그의 외할머니였습니다. 오바마의 외할머니는 아일랜드계 백인 출신으로 손자가 완전히 흑인이 아니라, 흑백 혼혈이라는 점을 부각하는 데 큰 도움을 주었습니다. 당시 외할머니는 암 말기 환자로 거동이 불편한 상태였지만 손자를 위해 무대에 올라 오바마가 백인의 피도 이어받았음을 일깨워주었습니다. 이는 오바마가 백인들의 지지를 얻는 데 절대적인 역할을 했습니다.

예전보다 미국 사회에서 인종차별이 많이 줄어들었다고 말하지만 겉으로 보이는 것과 현실은 달랐습니다. 백인들은 강력한 인종차별 금지 규정 때문에 노골적으로 흑인을 무시하지는 못했지만, 동등하다고 생각하지 않는 사람들도 많았습니다. 예전부터 흑인에 대한 고정관념이 남아서, 흑인하면 으레 게으르고 부정직한 사람들로 간주하기도 했습니다.

오바마는 흑백 혼혈이었기 때문에 유색인종의 전폭적인 지지를 넘어 진보적인 백인들의 지지도 이끌어낼 수 있었습니다. 2008년 11월 버락 오바마는 미국 제44대 대통령에 당선되었습니다.

오바마의 대통령 당선은 혁명적인 사건이었습니다. 흑인은 미국 인구의 12퍼센트이지만, 아직도 미국 사회 하류 계급에서는 높은 비율을 차지했습니다. 노예선을 타고 아메리카 대륙에 첫발을 내딛은 흑인보다, 훨씬 늦게 미국 땅에 정착한 아시아계 사람들이 훨씬 잘사는 것이 현실이었습니다. 아직도 인종차별이 만연한 미국 사회에서 흑인 출신 오바마가 대통령으로 당선된 일은 신선한 충격을 주었습니다.

오바마의 외할머니는 손자의 대통령 당선을 지켜보지 못하고 대선 전날 86세를 일기로 눈을 감았습니다. 그녀는 오랜 기간 암 투병을 하느라 극도의 고통을 겪었지만, 움직일 힘이 남아 있는 마지막 순간까지 손자를 도우려고 했습니다. 오바마가 명문 학교를 졸업하고 대통령이 된 것은 외할머니의 전폭적인 후원 없이는 불가능했습니다. 오바마 역시 외할머니가 위독하다는 소식을 듣고 마지막 유세 활동을 중단한 채 임종을 지켰습니다.

평화주의 외교정책

오바마가 유권자의 마음을 사로잡은 데는 그가 내세운 선거공약이 큰 역할을 했습니다. 당시 미국인은 이라크전쟁에서 빠져나오기를 강력하게 원하고 있었습니다. 이라크를 침공한 것 자체가 거짓 정보에 의한 잘못된 선택이었기 때문에 테러와의 전쟁은 미국인과 세계인의 외면 속에 치러지고 있었습니다. 이를 간파한 오바마는 자신이 집권하는 동시에 이라크와 아프가니스탄에서 발을 빼겠다는 공약으로 큰 효과를 보았습니다.

2009년 노벨상위원회는 2003년부터 미국이 벌이고 있던 이라크전쟁을 끝내주기를 바라는 마음에서 오바마에게 노벨평화상을 수여했습니다. 원래 노벨평화상은 세계 평화를 위해 뛰어난 업적을 이룬 사람이나 단체에 주는 것이 관례지만, 평화를 가져다주기를 바라는 강

노벨평화상을 받은 오바마

참모진과 의견을
교환하는 오바마

력한 기대에서 그동안의 관례를 깨고 아직 아무 일도 하지 않은 대통령에게 미리 상을 준 것입니다. 이에 부응이라도 하듯이 인권 운동가 출신 오바마는 기존 외교정책을 뒤엎는 '오바마 독트린'을 내세웠습니다.

오바마 이전에 집권한 조지 부시 대통령은 막강한 군사력을 기반으로 국제 문제에 적극적으로 개입했습니다. 그는 힘을 앞세워 미국의 국익을 침해하고 세계 평화를 위협하는 나라와 집단을 예외 없이 손보았기 때문에 전 세계가 미국을 두려워했습니다.

오바마 대통령은 힘의 우위를 기반으로 한 정책보다는 대화를 우선으로 한 평화주의 외교정책을 앞세워 다른 나라를 설득하려고 했습니다. 그가 대화와 설득을 통해 세계 평화를 지키려고 한 것은 달변가인 본인의 능력을 믿었기 때문입니다. 또한 어떤 독재자도 본인이 진심으로 다가가면 마음을 열고 세계 평화를 위해 협조할 것이라고 생각했습니다. 이 같은 신념을 바탕으로 오바마는 어떠한 경우라도 국제

분쟁을 해결하기 위해 더 이상 미국 지상군을 투입하는 일이 없을 것이라고 선언하기에 이르렀습니다.

시리아 내전

2011년 미군이 이라크에서 철수하자, 시아파 출신 독재자 누리 알 말리키Nouri al Maliki 총리는 마치 기다렸다는 듯이 수니파를 탄압했습니다. 이때 미국의 고위 관료들은 이라크 총리가 수니파를 탄압하지 못하도록 미국이 견제해야 한다고 주장했지만, 오바마는 내정간섭이라는 이유를 들어 아무 조치를 취하지 않았습니다.

시아파의 탄압이 도를 넘어서자 이라크 수니파들은 IS라는 사상 최악의 테러 단체로 시아파에 맞서면서 이라크 사태는 결국 내전으로 비화되었습니다. IS가 이라크를 넘어 시리아, 예멘, 요르단, 이집트, 아프가니스탄 등 주변 국가로 세력을 확장하면서 중동 지역을 불바다로 만들었지만 오바마의 대책은 전무하다시피 했습니다. 이에 국제사회가 불만을 쏟아내자 오바마는 마지못해 공중 폭격을 가하며 응징에 나섰습니다. 하지만 공습만으로는 결코 IS를 무너뜨릴 수 없었습니다.

알 바그다디

IS 지도자 알 바그다디Al Baghdadi는 부하들에게 "천하의 겁쟁이 오바마는 이라크에 군대를 보낼 위인이 되지 못하니

걱정할 필요 전혀 없다"라고 주장했습니다. 그의 말대로 오바마는 끝내 미군을 보내지 않았습니다. 이에 미국을 만만하게 생각한 IS는 요르단, 이집트, 프랑스, 벨기에 등 전 세계를 상대로 무차별적 테러를 벌여 전 세계를 공포의 도가니로 몰아넣었습니다.

러시아 대통령 블라디미르 푸틴

1991년 공산주의 종주국 소련이 러시아를 필두로 여러 개의 국가로 분열되자, 세계에는 더 이상 미국의 적수가 없게 되었습니다. 1990년대 내내 존재감 없이 경제난에 허덕이던 러시아는 2000년대 들어 국제 유가가 큰 폭으로 오르면서 반전의 계기를 맞았습니다. 이때 등장한 지도자가 바로 블라디미르 푸틴Vladimir Putin이었습니다. 그는 민주주의와 거리가 먼 전형적인 독재자였습니다. 국제 유가가 해마다 큰 폭으로 오르자 사우디아라비아와 함께 세계적인 산유국인 러시아 경제도 서서히 기력을 회복했습니다. 권력을 위해서라면 수단과 방법을 가리지 않는 푸틴은 평화 외교를 주장하는 오바마를 자신의 발아래 두려고 했습니다. 그는 국제 무대에서 오바마를 누르고 가장 영향력 있는 지도자가 되기 위해 시리아에 손을 뻗었습니다.

시리아 대통령 알 아사드

    2011년 3월 중동의 독재국가 시리아에서 민주화를 요구하는 대규모 시위가 일어났습니다. 시아파 출신 알 아사드Al-Assad 가문은 1971년 이래 시리아를 철권통치하며 국민의 자유를 억압했습니다.

    소수 시아파 출신 알 아사드 정권이 인구의 절대다수인 수니파를 억압하며 권력을 유지할 수 있었던 데는 러시아의 지원이 절대적이었습니다. 러시아는 시리아를 거점으로 중동 지역에서 영향력을 행사하기 위해 알 아사드 정권이 무너지지 않도록 군사적 지원을 아끼지 않았습니다.

    알 아사드 정권은 소련의 지원 아래 수십만 명에 이르는 국민을 학살했습니다. 이를 보다 못한 유럽 국가들이 오바마를 압박하며 군사행동에 동참해줄 것을 강력히 요구했습니다. 그러나 오바마는 알 아사드 정권이 생화학 무기 같은 대량 살상 무기를 사용할 경우에만 적극적인 군사 개입을 하겠다고 약속했습니다. 오바마는 생화학 무기 사용을 절대로 용납할 수 없는 금지선인 레드라인red line으로 선포해

시리아 난민

알 아사드가 학살용 무기를 사용하는 것만큼은 막으려고 했습니다.

2012년 알 아사드는 자국민을 향해 생화학 무기를 사용해 400여 명의 어린이를 포함한 1,429명을 죽음으로 몰아넣었습니다. 오바마는 언론을 통해 알 아사드 정권이 저지른 만행을 강력히 비판했지만 그것이 전부였습니다. 이번에도 오바마는 시리아에 군사 개입을 하지 않았습니다.

이로 인해 알 아사드 정권은 부담 없이 수니파 국민을 탄압했습니다. 시아파 알 아사드의 횡포가 극에 달하자 자국 내 수니파가 대대적으로 봉기해 내전을 일으켰습니다. 설상가상으로 이라크에서 수니파 테러 집단인 IS마저 대거 시리아로 유입되면서 시리아는 한순간에 지옥으로 변했습니다.

시리아 국민은 지옥으로 변해버린 고향에 더 이상 남을 수 없어 무작정 시리아를 탈출하기 시작했습니다. 이로 인해 시리아 전체 인구의 절반이 넘는 1,100만 명의 난민이 유럽 전역으로 몰려들면서 유럽 사회는 한바탕 홍역을 치러야 했습니다.

러시아 땅이 된 크림반도

러시아는 오바마가 등장하기 전까지만 해도 미국의 강력한 힘에 눌려 기를 펴지 못했습니다. 그러나 러시아 대통령 푸틴은 이라크와 시리아 사태를 통해 오바마가 유약한 대통령이라는 판단 아래 팽창주의

우크라이나 대통령 빅토르 야누코비치

정책을 추진하기 시작했습니다. 그 대표적인 사례가 러시아의 크림반도* 병합입니다.

러시아는 지난 수백 년 동안 겨울에도 얼어붙지 않는 부동항을 갖기 위해 애썼습니다. 이를 위해 1922년 공산주의 종주국 소련 시절 동절기에도 얼지 않는 바다인 지중해를 가진 우크라이나를 강제로 합병했습니다. 이후 소련 정부는 지중해에 접한 크림반도에 대규모 해군기지를 건설해 유럽과 중동 진출을 위한 교두보로 활용했습니다.

1991년 공산주의 소련이 무너지면서 우크라이나는 독립국이 되었지만, 소련 대신 등장한 러시아는 적지 않은 기지 사용료를 지급하면서까지 지속적으로 크림반도에 군사기지를 유지하려고 했습니다. 러시아는 우크라이나가 본래 소련에 포함되어 있었기 때문에 계속해서 러시아의 영향력 아래 있어야 한다고 생각했습니다.

우크라이나 국민의 생각은 달랐습니다. 우크라이나 국민은 독재자 푸틴이 다스리는 러시아 대신 경제적으로 풍요롭고 민주주의가 잘 정착된 EU(유럽연합)와 가까워지려고 했습니다. 그러나 골수 친러파였던

---

* 흑해 북부에 위치한 우크라이나 남부 지역의 반도.

빅토르 야누코비치Viktor Yanukovych 대통령은 대다수 우크라이나 국민의 열망을 무시하고 친러시아 정책으로 일관하면서 국민의 지지를 잃게 되었습니다.

2013년 겨울 우크라이나 국민은 연일 부정부패로 얼룩진 야누코비치 대통령의 퇴진을 요구하는 시위를 벌였습니다. 전형적인 탐관오리 야누코비치는 우크라이나 국민을 향해 발포 명령을 내리는 등 폭력적인 방법을 총동원해 국민의 정당한 요구를 묵살했습니다.

2014년 2월 우크라이나 국회는 야누코비치 대통령을 인권침해와 직무유기죄, 공금횡령 등 여러 가지 이유를 들어 탄핵으로 그를 권좌에서 몰아냈습니다. 친러파 야누코비치 대통령이 실각하자 푸틴 대통령은 우크라이나가 서방 세계와 가까워질 것을 우려해 침략을 결심했습니다.

2014년 2월 말 푸틴의 명령에 의해 수천 명의 러시아군이 탱크를

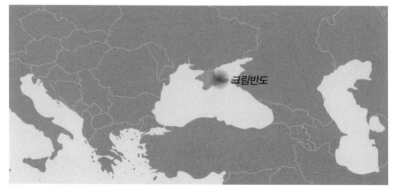

크림반도 위치

크림반도 합병 조약에 서명하는
러시아 대통령 푸틴

앞세워 크림반도를 점령하는 사태가 발생했습니다. 이후 크림반도 내 친러파들이 주도해 러시아와의 합병을 추진하면서 크림반도는 순식 간에 러시아 땅이 되었습니다.

러시아가 불법적으로 우크라이나를 침공해 전략적 요충지를 차지 하자 영토를 러시아에 빼앗긴 우크라이나는 예비군 동원령까지 내리 며 러시아와의 일전을 불사했습니다.

오바마는 이때에도 아무런 군사 행동을 취하지 않았습니다. 오바마 는 미국 국민을 향해 "크림반도 사태와 관련해 결코 무력을 사용하는 일은 없을 것입니다"라고 선언하며 러시아에 대한 군사적 제재 가능 성을 배제했습니다.

오바마는 크림반도 사태에 책임이 있는 푸틴을 제외한 일부 측근에 대해 미국 여행 금지령과 함께 러시아에 대한 경제제재를 취했지만 푸틴 대통령은 눈 하나 깜짝하지 않았습니다. 푸틴 대통령은 크림반도를 침공하기 전부터 오바마가 아무 대응을 하지 않을 것을 잘 알고 있었기에 과감한 군사행동을 했던 것입니다.

이와 같이 국제 문제에 있어 초강대국 미국이 제 역할을 하지 않자 독재자와 테러 단체가 활보하면서 세계 평화가 위협받게 되었습니다. 그러나 오바마는 협상을 중시하는 자신의 외교 노선을 끝까지 포기하지 않았습니다.

오바마는 국제 문제 해결을 위해 강력한 대응을 원하는 국민에게 "미국이 지구상에서 가장 강력한 국가이지만, 미국이 모든 국제 문제를 해결할 수는 없다"라고 잘라 말하며 군사력을 사용하지 않았습니다. 오히려 국방비를 대폭 줄이고 군대를 감축시키면서 미국의 군사력을 계속 줄여갔습니다. 그의 집권 시절에 미국은 전 세계 독재자들에게 종이호랑이 취급을 받았습니다.

보 버그달 사건

2009년 6월 아프가니스탄에서 테러와의 전쟁이 한창일 때, 미국 육군 소속 보 버그달Bowe Bergdahl 일병이 실종되는 사건이 발생했습니다. 당시 미국 국방부는 버그달 일병이 아프가니스탄 최전선에서 순찰 임무에 나섰다가 실종되었다고 발표했습니다. 그의 실종 소

보 버그달 일병

식은 언론을 타고 미국 전역에 널리 방송되었습니다. 고향 사람들은 그가 무사 귀환하기를 바라는 마음으로 집집마다 노란 리본을 문 앞에 달아놓았습니다.

버그달 일병이 실종된 지 2주 후 아프가니스탄 무장 테러 단체인 탈레반은 그를 생포했다는 사실을 알리며 머지않아 처형하겠다는 경고 메시지를 미국 측에 보내왔습니다. 동영상 속 버그달 일병은 초췌한 모습으로 "살아서 고향에 돌아가고 싶다"라고 미국 정부에 간청했습니다. 버그달 일병의 아버지는 탈레반처럼 수염을 기르고 아프가니스탄 언어를 배우는 등 아들을 살리기 위해 최선의 노력을 다했지만 오바마 행정부는 별다른 조치를 취하지 않는 듯이 보였습니다.

2014년 5월 오바마 대통령은 5년 동안 탈레반의 인질로 잡혀 있던 버그달 일병을 미국으로 데려오는 데 성공했습니다. 오바마는 백악관에 버그달 가족을 초대해 무사 귀환을 환영하는 행사를 성대히 열었습니다.

오바마는 대국민 연설을 통해 "미국 정부는 어떠한 경우에도 국민의 생명을 보호할 것입니다. 앞으로도 단 한 명의 병사도 전쟁터에 남겨두지 않을 것이며 그들을 모두 집으로 데려다줄 것입니다"라고 약속했습니다. 그날 국가가 국민을 끝까지 책임지겠다는 오바마의 연설은 미국 사람들에게 커다란 감동을 주었고, 덕분에 오바마의 인기는 치솟았습니다.

미국으로 귀환한 버그달 일병은 현역병으로 복귀해 영웅 대접을 받

았습니다. 그는 위험한 임무
를 수행하다가 탈레반에 납치
되었지만 모든 고난을 극복하
고 생환에 성공한 인간 승리
의 전형으로 추앙받았습니다.
그러나 머지않아 사건의 내막
이 드러나면서 그의 신화는
사라지기 시작했습니다.

미군에 맞선 탈레반

　버그달 일병과 같은 부대에
있었던 병사들은 그가 위험한 작전을 벌이다가 탈레반에 납치된 것이
아니라, 탈영병에 지나지 않는다고 주장했습니다. 오히려 탈영한 그
를 체포하러 출동한 미군 가운데 여섯 명이 탈레반과의 교전에서 목
숨을 잃는 불상사를 당했다고 폭로했습니다. 만약 그가 탈영하지 않
았다면 여섯 명이나 되는 젊은이의 안타까운 희생도 없었다고 반박했
습니다.

　게다가 오바마 대통령이 버그달 일병을 데려오는 과정에서 적지 않
은 불법행위를 저지른 사실이 만천하에 드러났습니다. 미국은 원래
자국민 포로를 구출하기 위해 어떠한 협상도 하지 않는 것을 원칙으
로 하는 나라입니다. 만약 미국인 포로를 석방하기 위해 적이 원하는
것을 들어준다면 미국인을 대상으로 한 납치 사건이 끊임없이 발생
할 것을 우려했기 때문입니다. 그러나 오바마는 버그달 일병을 구하

기 위해 미군이 포로로 잡고 있던 탈레반 간부 5명을 내어주었습니다. 이들은 극악무도한 테러리스트로서 수많은 무고한 사람을 죽음으로 내몬 살인자였습니다.

본래 미국 법에 의하면 포로를 풀어줄 경우 의회의 승인을 받도록 되어 있지만, 오바마는 법을 어긴 채 몰래 테러범을 풀어주었습니다. 더구나 미군 수사 당국의 조사에 따르면, 실제로 버그달은 자기 발로 군대에서 도망친 탈영범에 불과했습니다.

버그달은 매사에 현명하게 처신하지 못해 상관과 부하들에게 무시당하기 일쑤였습니다. 그는 자신의 능력을 돋보이게 하기 위해 혼자서 탈레반을 대거 사살하려는 욕망을 가졌습니다. 평소 영화에 심취했던 버그달은 자신도 액션 영화의 주인공처럼 손쉽게 적군을 제압할 수 있을 것이라는 환상에 빠져 총은 기지에 놔둔 채 칼 한 자루만 들고 탈레반을 죽이러 떠났습니다.

막상 미군 기지를 떠나자 두려움을 느끼기 시작한 버그달은 소총으로 무장한 탈레반에 제대로 저항 한 번 못한 채 체포되고 말았습니다. 탈레반의 포로가 된 그는 자신이 알고 있던 군사기밀을 털어놓으며 적극 협조했습니다. 평소에도 그는 미국에 강한 반감을 가지고 있던 병사였습니다. 그가 가족에게 보낸 이메일을 보면 "내가 미국인이라는 점이 부끄럽다. 미국은 역겨운 나라다"라고 말하는 등 미국에 대한 불만으로 가득했습니다.

이와 같이 문제투성이 탈영병에 불과한 버그달은 미국으로 돌아와 마치 위험한 임무를 수행하다가 납치된 것처럼 연기했지만, 결국 동료들의 증언으로 모든 사실이 들통나고 말았습니다. 사건의 전말이 만천하에 드러나면서 오바마는 곧바로 궁지에 몰렸습니다. 공화당과 보수 언론은 오바마가 버그달이 탈영병인 줄 미리 알고 있었다고 주장했습니다.

버그달 일병처럼 탈영에다가 미군의 기밀 사항을 적에게 알려준 경우는 종신형에 해당하는 중범죄입니다. 이 때문에 중요한 가치가 있는 다섯 명의 탈레반 포로를 풀어주면서까지 그의 생환을 위한 협상을 해서는 안 되는 상황이었습니다.

외교 분야에서 잇따른 시행착오를 거듭하며 미국 국민의 비판을 받고 있던 오바마는 인기 회복을 위해 법 규정까지 어기면서 무리하게 버그달 일병을 데려오는 바람에 결국 더 큰 문제에 봉착했습니다. 외교적 성과를 내려고 무리수를 두다가 부정직한 대통령이라는 낙인까지 얻게 된 것입니다.

오바마 케어

미국은 여느 선진국과 달리 복지 제도가 빈약합니다. 이는 미국이 여타 유럽 국가와 달리 다민족 국가인 이유도 있습니다. 복지 제도란 기본적으로 중산층 이상의 경제적으로 여유가 있는 사람이 낸 세금으로 가난한 사람들이 혜택을 보는 구조입니다. 국민 간의 결속력이 느

슨한 상황은 복지 제도에 영향을 주었습니다. 어떤 계층에 속해 있는 인종이나 민족인가에 따라 복지 제도에 대해 서로 다른 생각을 가지고 있기 때문입니다.

미국 사회의 부와 권력을 장악하고 있는 백인은 자기네가 부담한 세금이 가난한 흑인을 위한 복지 비용으로 사용되는 것을 탐탁지 않게 여겼습니다. 집권 세력인 백인은 복지 정책을 만들면서 되도록 최소한의 복지 제도만 유지되기를 원했습니다. 이런 이유로 미국의 복지 수준은 유럽 선진국에 비해 부실하기 짝이 없습니다. 특히 미국의 공공 의료 서비스 분야는 선진국과 거리가 멀 정도로 취약합니다.

미국을 제외한 모든 선진국은 정부가 운영하는 공공 의료보험 제도가 있어 모든 국민이 동등한 의료 서비스를 받을 수 있습니다. 각자의 소득 수준에 맞게 보험료를 내면 누구나 병원에서 무료 또는 저렴한 비용으로 치료받을 수 있는 것이 공공 의료보험 제도입니다. 매달 납

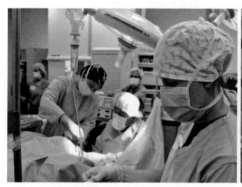

병원비 높기로 악명 높은 미국 병원

부하는 보험료는 소득수준에 따라 차별적으로 부담합니다. 부유층의 경우 상대적으로 많은 보험료를 납부하지만 형편이 어려운 경우에는 적은 비용을 부담해 돈이 많을수록 더 많은 부담을 지도록 설계되어 있습니다.

미국의 경우 중산층 이상의 부유한 미국인은 가난한 사람들이 상대적으로 유리한 공공 의료보험 제도를 원하지 않았기 때문에, 미국에서 정부가 제공하는 공공 의료 서비스는 극빈자나 노인 등 일부 계층에 제한적으로 제공되었습니다. 중산층 이상의 미국인은 각자의 소득 수준에 맞는 민영 의료보험에 가입해 별다른 불편 없이 의료 서비스를 받을 수 있었습니다. 그렇지만 민영 의료보험에 가입할 여력이 되지 않는 4,500만 명 이상의 미국인은 질병에 걸리더라도 아무런 의료적 조치를 받지 못했습니다.

오바마는 대통령 후보 시절 여느 선진국처럼 정부가 주도하는 전국민 의료보험 제도를 도입하겠다고 공약해 의료보험 서비스에서 배제된 가난한 사람들의 전폭적인 지지를 받았습니다. 사실 오바마가 의료보험 개혁에 사활을 건 데에는 본인이 겪은 아픈 상처가 있었습니다.

1995년 오바마 어머니는 뉴욕의 한 병원에서 자궁암 판정을 받았습니다. 그녀가 가장 먼저 걱정한 것은 앞으로 내야 할 엄청난 금액의 병원비였습니다. 간단한 감기 진료비가 10만 원이 넘고 중병에 걸리면 수억 원의 병원비가 드는 미국 사회에서 암에 걸렸다는 사실은 파산선고나 다름없었습니다.

병실을 지키던 오바마의 눈에 비친 어머니의 마지막은 병원비 청구서를 보고 안절부절못하던 모습이었습니다. 그는 자신의 어머니와 같이 잘못된 의료 시스템으로 인해 고통받는 4,500만 명 이상의 미국인에게 도움을 주기 위해 의료개혁에 나섰습니다.

오바마는 집권하자마자 자신의 공약을 지키기 위해 발 벗고 나섰지만 예상 밖의 강한 저항에 부딪쳤습니다. 맨 처음 구상한 것은 정부가 주도한 공공 의료보험에 전 국민을 강제로 가입시키는 것이었지만, 공화당과 부유층의 거센 반발로 한 발 물러나야 했습니다.

사실 부유층이 정부 주도의 의료보험에 대거 가입해주어야 가난한 사람들에게 혜택이 많이 돌아가지만, 미국 부유층은 이미 자신이 가입한 민영 의료보험을 통해 충분한 의료 서비스를 받고 있기 때문에 국가가 운영하는 공공 의료보험에 가입할 이유가 전혀 없었습니다.

2010년 의료개혁 법안에
서명하는 오바마

원의 민영 의료보험료를 대신 납부해야 한다. 또한 일정한 소득이 있는 개인은 모두 민영 의료보험에 가입하여야 하며, 이를 어길 시에는 벌금을 물어야 한다'라고 규정하고 있습니다.

정부는 개인의 소득 수준에 따라 차등적으로 보조금을 지급해 누구나 큰 부담 없이 의료 서비스를 받을 수 있도록 했습니다. 그러나 50인 이상의 정규직을 고용하고 있던 기업들의 반발이 폭발함에 따라 의료개혁 법안은 제자리를 맴돌았습니다. 기업 입장에서 근로자를 위해 1인당 1년에 수천만 원에 달하는 민영 의료보험료를 지출하는 일이 쉽지 않았기 때문입니다.

벼랑 끝 전술

공화당은 평소 유약하다고 생각했던 오바마를 거세게 닦달하면 의료보험 개혁을 중도에 포기하리라고 생각했습니다. 그동안 그가 국제 문제에서 계속 나약한 모습을 보였기 때문에 의료보험도 역시 힘으로 밀어붙이면 머지않아 단념할 것으로 기대했습니다. 그런데 예상 밖으로 오바마가 뜻을 굽히지 않자 공화당은 대법원에 소송을 제기하기에 이르렀습니다.

공화당은 개인의 자유를 가장 중요한 덕목으로 여기는 미국에서 연방 정부가 의료보험을 강제하는 것은 위법이라고 내세우며, 의료개혁 법안이 위헌임을 주장했습니다. 그러나 2012년 연방 대법원은 "의료보험 의무 가입 조항이 개인의 자유를 침해하지 않는다"라고 판결하

섯다운을 강행한 미국 의회

며 오바마의 손을 들어주었습니다.

대법원의 판결로 일격을 당한 공화당은 섯다운_{shutdown}이라는 초강
력 무기를 동원해 오바마를 압박했습니다. 섯다운이란 의회가 고의로
다음 해 예산안을 통과시키지 않아 정부 기능을 마비시키는 것을 말
합니다.

공화당이 다수를 차지하고 있던 미국 의회는 2014년도 예산안을
대상으로 섯다운 작전에 돌입했습니다. 미국 정부의 회계연도는 10월
1일에 시작해 이듬해 9월 30일에 끝납니다. 따라서 9월 30일 자정까
지 다음 연도 예산안이 통과되지 못하면 정부 기능은 잠정적으로 중
단될 수밖에 없습니다.

섯다운이 시작되면 군인·경찰·소방서·교도소 등 국민의 생명과
안전을 위해 꼭 필요한 일부 조직을 제외한 모든 연방 공무원은 전부
강제로 무급 휴가를 떠나야 합니다. 국민의 불편을 줄여주기 위해 무

급으로 일하는 행위도 법으로 엄격히 금지되기 때문에 연방 공무원은 무조건 자리를 비워야 합니다.

오바마는 2013년 9월 30일 자정 전까지 공화당 의원들을 상대로 일일이 예산안을 통과시켜달라고 사정했지만 공화당은 꿈쩍하지 않았습니다. 공화당은 2014년도 예산안에 오바마 케어를 위한 예산을 전액 삭감하지 않을 경우, 절대로 통과시키지 않겠다고 으름장을 놓으며 9월 30일 자정을 넘겼습니다.

다음 날인 10월 1일 연방 정부가 셧다운에 들어가면서 대부분의 관공서가 문을 닫는 사태가 벌어졌습니다. 공공 행정 서비스가 중단되면서 미국 사회는 극도의 혼란에 빠졌지만 오바마는 그래도 뜻을 굽히지 않았습니다.

셧다운이 시작되자 미국은 한 가지 커다란 문제에 직면했습니다. 해마다 막대한 재정 적자에 시달리는 미국 정부는 부족한 재정을 빚으로 해결해왔습니다. 그렇다고 무한정으로 빚을 낼 수 있는 것은 아니고, 의회가 법률로 정해준 한도 내에서 외부의 돈을 빌릴 수 있었습니다.

당시 의회가 정해준 부채 한도는 16조 달러로서 연방 정부는 절대로 이 규모를 넘을 수 없었습니다. 나라 빚이 엄청나게 많다 보니 이자를 지급하고 원금을 상환하기 위해 오래전부터 미국 정부는 또 다른 빚을 내는 악순환에 빠져 있었습니다. 미국 정부가 정상적으로 운영되려면 의회가 정부의 부채 한도를 상향 조정해야 했고, 예산안을

오바마 케어 로고

신속히 통과시켜 주어야 했습니다.

섯다운으로 인해 예산안이 통과되지 못함으로써 미국 정부는 현금이 부족해 빚을 갚을 수 없게 되었습니다. 10월 17일이 되면 미국 재무부가 보유하고 있던 현금이 바닥나기 때문에 연방 정부는 사상 초유의 국가 부도 사태를 맞이하게 되었습니다. 만약 연방 정부가 국가 부도 사태를 맞게 된다면 이는 미국의 이미지에 돌이킬 수 없는 타격을 주는 일이었습니다.

공화당은 오바마가 사상 최초의 국가 부도 사태를 일으킨 대통령으로 남지 않기 위해 의료개혁 법안을 포기할 것이라고 생각했으나, 예상외로 그는 끝까지 버텼습니다. 오바마는 공화당 의원들을 일일이 백악관에 초청해 식사까지 함께하면서 예산안 통과를 부탁하며 자신의 뜻을 굽히지 않았습니다.

연방 정부의 기능 마비로 미국 국민의 분노가 폭발함에 따라 2013년 10월 16일 공화당은 결국 백기를 들 수밖에 없었습니다. 이듬해인 2014년부터 오바마 케어가 본격적으로 시행되어 그동안 의료 서비스에서 소외되었던 수천만 명의 국민이 드디어 의료 혜택을 받을 수 있게 되었습니다.

오바마가 도입한 의료보험 제도는 복지 선진국인 유럽에 비해 부족한 면이 없지 않으나, 병원비가 없어 제대로 치료도 받지 못한 채 죽어가던 서민들에게 한 줄기 빛과 같은 존재였습니다. 평소 유약한 이

경쟁력을 잃어버린
미국 제조업

미지로 보였던 오바마는 강력한 공화당을 상대로 벼랑 끝 전술을 벌여 그동안 어떤 대통령도 해내지 못한 큰 업적을 이루는 데 성공했습니다.

제조업의 부활

제조업은 미국을 세계 제일 경제 대국으로 만든 원동력이었습니다. 제조업은 수많은 일자리를 만들어내며 노동자에게 안정적인 일자리를 제공해줍니다. 또한 숙련된 제조업 근로자는 대학 교육을 받지 못했더라도 적지 않은 임금을 받을 수 있어 중산층에 편입될 수 있습니다.

제2차 세계대전 기간 중 미국 제조업은 전 세계 제조업의 절반 이상을 차지할 정도로 막강했습니다. 그 덕택에 미국은 세계에서 가장 부유한 나라가 될 수 있었습니다. 그러나 종전 후 세계 각국이 경제 재건에 나서면서 제조업에서 미국이 차지하는 비중은 점차 줄어들었

의료개혁 법안 통과에 기뻐하는 오바마

경제적으로 여유가 있는 사람들이 공공 의료보험 도입에 강력히 반발하자 오바마는 민영 의료보험에 가입하지 않은 전 국민을 대상으로 정부 주도의 공공 의료보험을 실시하려고 했습니다. 그러나 이 역시 공화당의 강력한 반발에 부딪혔습니다.

마침내 오바마는 정부가 운영하는 공공 의료보험 대신 기업이 운영하는 민영 의료보험 상품에 무보험자들이 가입하면 보조금을 지급하는 것으로 결론을 내렸습니다.

2010년 3월 오바마가 의료보험 개혁 법안을 마련하면서 경제적으로 여유롭지 못한 사람들도 의료 서비스를 받을 수 있는 길이 열리는 듯했습니다. 이른바 '오바마 케어Obama care'라 불리는 의료개혁 법안은 '50명 이상의 정규직을 고용하고 있는 모든 기업체는 의무적으로 직습니다.

특히 1960년대 들어 전통적인 제조업 강국인 독일과 일본의 기업들이 뛰어난 품질을 무기로 세계시장을 장악해가면서 미국은 궁지에 몰리기 시작했습니다. 이후 제조업체가 힘을 잃어 해마다 수많은 일자리가 사라져 미국은 경기 침체에 빠졌습니다. 1990년대에는 미국 기업들이 잃어버린 경쟁력을 되찾기 위해 인건비가 저렴한 중국으로 생산 시설을 앞다투어 이전하면서 미국 내 제조업은 붕괴 위기에 이르렀습니다.

미국은 제조업 몰락으로 인한 부작용을 줄이기 위해 금융업을 비롯한 서비스업 육성에 사활을 걸었습니다. 전 세계 상위 50개 대학 중 80퍼센트가량이 미국에 있을 만큼 미국에는 뛰어난 인재가 많아, 서비스업 중에서 금융업이 막대한 부를 안겨다주었습니다. 그러나 금융업은 특성상 극소수 인재만을 필요로 하기 때문에 많은 일자리를 만들어내지는 못했습니다. 금융업에 종사하는 엘리트들은 매년 막대한

세계의 금융 중심지 월스트리트

연봉을 받으며 고소득층으로 살아갈 수 있지만, 대다수 국민은 언제 해고될지 모르는 서비스업 분야의 비정규직을 맴돌면서 소득 양극화는 걷잡을 수 없이 심해졌습니다.

제조업의 부활 없이 금융 산업만으로는 튼튼한 국가 경제를 만들 수 없지만, 미국 정부는 서비스업 분야 육성에만 힘을 기울이다가 2008년 마침내 금융 위기를 맞았습니다.

미국의 금융 위기는 경기를 지나치게 낙관한 금융기관들이 돈을 갚을 능력 없는 사람들에게 무리하게 대출을 해주면서 비롯되었습니다. 결국 수많은 금융 기업이 파산으로 끝을 맺었습니다. 다른 나라에 비해 압도적인 경쟁력을 확보하고 있던 금융 산업에 위기가 찾아오자, 미국 경제는 끝 모를 침체의 나락으로 빠져들었습니다. 그동안 무리한 대출을 일삼았던 금융기관은 살아남기 위해 기업과 개인에게 대출해주었던 돈을 닥치는 대로 회수했고 추가 대출을 중단했습니다.

시중에 돈이 제대로 돌지 않자 개인과 기업은 너나 할 것 없이 생존 위기에 몰렸습니다. 수많은 개인이 파산해 길바닥에 나앉았으며 기업들도 파산을 면

GM 본사

쇄락한 디트로이트

하지 못했습니다.

특히 미국 내 단일 업종으로는 가장 많은 일자리를 만들어낸 자동차 산업의 몰락이 심각했습니다. 미국의 3대 자동차 회사들은 금융 위기 이전까지만 하더라도 한 해 약 1,000만 대의 자동차를 생산하며 수백만 명의 일자리를 책임졌습니다. 그러나 금융 위기 여파로 미국 내 자동차 판매량이 절반으로 줄어들었습니다. 자동차 회사들은 전역에 걸쳐 있던 공장을 대부분 폐쇄하고 생존을 위해 몸집 줄이기에 나섰습니다.

이 과정에서 자동차 산업에서 일하던 수십만 명의 근로자가 일자리를 잃었습니다. 제2차 세계대전 이후 세계 최대 자동차 제조사로 군림한 GM이 경영난에 시달리다 못해 법정관리*에 들어갔고, 미국 3위의 자동차 업체 크라이슬러Chrysler는 외국 회사에 헐값에 팔렸습니다.

---

* 재정 위기에 처한 기업이 회생 가능성이 있다고 판단될 경우, 법원이 지정한 제3자가 기업 활동을 대신 관리하는 것.

미국 자동차 산업의 중심지였던 미시간주 디트로이트도 초토화되어 한때 200만 명이 넘던 인구는 90만 명 이하로 급감했고, 버려진 집만 14만 채에 이르렀습니다.

디트로이트 주민 30퍼센트 이상이 소득 한 푼 없는 극빈층으로 전락해 한 끼를 해결하기 위해 무료 급식소에 긴 줄을 서야 했습니다.

2009년 오바마는 자동차 업계에 무려 820억 달러에 이르는 자금을 지원했습니다. 레이건 대통령 이후 정부의 경제 개입을 금기시하던 미국 사회에서 오바마의 자동차 회사를 대상으로 한 전폭적인 금융 지원은 결코 쉽지 않은 선택이었습니다.

수많은 경제 전문가가 반대했지만 오바마는 자동차 산업 붕괴를 막아 국민의 일자리를 지키기 위해 과감하게 민간 기업에 세금을 쏟아부었습니다. 오바마의 조치에 자동차 회사들은 현금 부족 사태인 유동성 위기를 헤쳐나갈 수 있었고, 머지않아 예전의 영광을 회복했습니다.

테슬라 전기차

또한 오바마는 차세대 친환경 자동차인 전기차가 많이 보급될 수 있도록 전기차를 구입하는 사람들에게는 정부 보조금을 주었습니다. 그 덕분에 테슬라 모터스 같은 신생 자동차

제조업 육성을 위해 힘쓴 오바마

업체들이 파산하지 않고 버틸 수 있었습니다.

오바마는 집권 기간 동안 자동차 산업뿐 아니라 모든 분야의 제조업 육성을 위해 최선을 다했습니다. 중국에서 미국으로 돌아오는 기업에 공장 설립 비용의 절반 가까이를 지원하는 등 파격적인 제조업 육성책을 실시했습니다. 그 결과 수많은 기업이 중국의 생산 공장을 폐쇄하고 미국으로 돌아와 새로운 일자리를 만들면서 경제에 활력을 불어넣었습니다.

미국의 제조업이 부활하면서 2008년 금융 위기 당시 10퍼센트 넘던 실업률은 5퍼센트 이하로 낮아져, 결과적으로 수백만 명이 새로운 일자리를 얻었습니다. 이로 인해 중산층이 두터워지면서 미국의 경제 구조도 이전보다 튼튼해졌습니다.

케냐 방문

2015년 7월 오바마는 대통령이 된 후 처음으로 아버지의 고향 케냐를 국빈 방문했습니다. 오바마를 케냐의 자랑으로 생각한 케냐 사람들은 그를 보기 위해 공항까지 구름 떼처럼 몰려왔습니다. 대통령 전용기에서 내린 오바마는 케냐 말로 인사하며 케냐 국민들에게 친근감을 드러냈습니다. 그가 방문하는 곳마다 사람들은 고유의 춤을 추며 뜨겁게 환영했습니다. 오바마 역시 함께 춤을 추며 기뻐했습니다.

대통령을 포함한 케냐의 지배층은 오바마가 아버지의 고향인 케냐에 엄청난 금액의 달러를 지원해줄 것을 잔뜩 기대하며 흥분된 마음으로 그를 맞이했습니다. 아프리카의 빈곤국 케냐는 그동안 수많은 국가와 자선단체로부터 경제적 후원을 받았지만, 외부 지원금의 상당액이 탐욕스런 고위 관료들의 주머니로 들어갔고 여전히 빈곤을 면치 못하고 있었습니다.

오바마는 케냐 국민을 상대로 다음과 같은 연설을 했습니다.

"그동안 케냐 사람들은 자기 노력으로 가난을 탈출하려고 하지 않고 부유한 선진국의 지원에 의지해왔습니다. 그러나 부자 나라들이 결코 가난한 케냐인 전부를 구제할 수는 없습니다. 케냐의 가장 큰 문제는 집권 세력의 부정부패입니다. 여태껏 뇌물이 만연한 나라가 선진국이 된 사례는 없습니다. 따라서 케냐가 성장하려면 집권 세력부터 반성해야 합니다."

오바마는 투명하지 못한 정부를 가진 케냐에 달러를 지원해보았자 탐관오리들의 배만 불린다는 사실을 잘 알고 있었기 때문에 돈 대신 따끔한 충고를 했습니다.

미국의 대통령인 오바마는 케냐에 많은 돈을 지원해줄 수 있는 권한이 있었습니다. 엄청난 지원을 기대했던 사람들은 이 말을 듣고 큰 충격을 받았습니다. 그러나 오바마는 미국 국민이 낸 세금을 함부로 낭비하고 싶지 않았고, 케냐가 투명한 사회가 될 때까지 지원을 미루었습니다. 기대에 한껏 부풀어 있다가 실망한 케냐의 탐관오리들은 오바마를 비난하기 시작했습니다.

현지 언론은 우후루 케냐타Uhuru Kenyatta 케냐 대통령의 부친이자 초대 대통령이었던 조모 케냐타Jomo Kenyatta가 오바마의 아버지를 관직에서 몰아냈기 때문에 오바마가 케냐를 외면했다고 주장했습니다. 또한 오바마의 이복형제들이 케냐 빈민가에 사는 모습을 대서특필하며 오바마가 가족을 돌보지 않는다고 고발했습니다. 그러나 그러한 공격에도 오바마의 생각은 변함이 없었고, 대통령 자리에 있는 동안 케냐에 달러를 쏟아붓는 일은 하지 않았습니다.

검은 케네디

보수적인 성향의 백인들은 처음부터 오바마를 좋아하지 않았습니다. 백인 입장에서 볼 때 흑인 대통령의 탄생은 결코 유쾌한 일이 아니었습니다. 게다가 집권 이후 오바마는 의료개혁뿐 아니라, 성소수자의 권리 보호에 앞장서며 기독교가 지배하는 미국 사회에 큰 파장을 불러왔습니다.

오바마는 동성 간의 결혼을 합법화해 동성 부부도 이성 부부와 동등한 권리를 누릴 수 있도록 하려고 했습니다. 그러나 보수의 중심에 선 미국 교회들이 오바마가 추진하던 동성애자 차별금지 법안을 강력히 반대하면서 또다시 위기에 봉착했습니다. 그런데도 오바마는 뚝심으로 밀어붙여 마침내 법안을 통과시켰습니다.

법안 통과에 반대하던 보수주의자들은 대법원에 소송을 걸어 동성애자 차별금지법을 파기하고자 했습니다. 하지만 2015년 6월 연방 대법원이 오바마의 손을 들어주면서 그는 다시 한번 중요한 정치적인 승리를 거두었습니다. 당시 미국에는 300만 명이 넘는 동성 커플이 있었는데, 대법원 판결로 인해 이들은 합법적으로 결혼할 수 있는 권리를 획득했습니다.

사실 유럽 국가의 경우 예전부터 동성 부부에 대한 권리를 인정해주었지만 기독교가 득세하는 미국 사회에서는 동성애를 죄악시했습니다. 그런데 2015년 연방 대법원이 동성애자에 대한 차별적인 대우를 금지하는 법안을 합법화함으로써 미국은 단번에 유럽과 같은 수준으로 동성애자의 권리를 보장해주는 나라가 되었습니다.

또한 오바마의 평화 외교는 집권 후반기로 가면서 조금씩 빛을 발하기 시작했습니다. 1959년 쿠바의 혁명가 피델 카스트로가 쿠바에서 공산혁명을 성공한 이래 미국과 쿠바는 원수지간이었습니다. 기존 미국 대통령들은 강력한 경제제재 등 수단과 방법을 가리지 않고 쿠바를 최대한 압박해 카스트로 독재 정권을 붕괴시키려고 했지만 번번

쿠바를 방문한 오바마

이 실패하고 말았습니다.

미국이 강압적인 방법을 총동원해 쿠바를 억누를수록 쿠바 사람들의 반미 감정이 하늘을 찌를 듯 커지면서 오히려 피델 카스트로의 독재 권력은 강화되었습니다. 그런데 오바마가 쿠바에 호의적으로 다가서자 쿠바 역시 미국과 대화에 나서기 시작했습니다. 오바마는 집권 이후 계속해서 쿠바와 좋은 관계를 갖기 위해 노력해, 국교 정상화라는 결실을 맺었습니다.

2014년 오바마는 쿠바와 외교 관계를 끊은 지 53년 만에 수교를 다시 맺는 쾌거를 이루었습니다. 1961년 케네디 대통령이 쿠바와 단교를 선언하면서 시작된 양국 간의 갈등은 오바마가 국교를 재개하면서 비로소 사라졌습니다. 쿠바의 수도 아바나에 다시 문을 연 미국 대사관에 성조기가 펄럭이면서 양국 사이에 평화의 시대가 찾아왔음을 알렸습니다. 2016년 3월 오바마는 가족과 함께 쿠바를 방문해 미국과

퇴임 후의 오바마

쿠바가 더 이상 적이 아님을 전 세계에 보여주었습니다.

강압보다는 대화와 설득을 중시하는 오바마는 집권 중반기까지만 하더라도 유약한 대통령의 상징처럼 여겨져 미국 사람들에게 적지 않은 비난을 받아야 했습니다. 그러나 그는 평화를 선택했을 뿐 유약하지 않았습니다. 자신이 옳다고 믿는 일은 끝까지 인내심을 가지고 추진해 성과를 이루어냈습니다.

오바마는 집권 마지막까지 미국 국민의 사랑을 받아 임기 말 권력 누수 현상 없이 무사히 임기를 마쳤습니다. '검은 케네디'라 불리는 것을 즐긴 오바마는 총격으로 일찍 임기를 마감해야 했던 케네디보다 더 많은 업적을 이룬 대통령으로 역사에 남게 되었습니다.

★

6,000만 달러의
회고록 계약금

　미국 대통령은 퇴임 후에도 한가하게 지내지 않는다. 기업이나 공공기관, 외국에서 조언을 구하거나 강연을 부탁하기 때문이다. 또 미국 대형 출판사들은 대통령에게 회고록 출간 제안을 한다. 한 출판사에서 오바마 회고록 출판계약으로 무려 6,000만 달러의 계약금을 지불했다. 이는 빌 클린턴 대통령의 1,500만 달러, 조지 H. W. 부시 대통령의 1,000만 달러에 비해 훨씬 많은 금액이다.

　오바마는 강의료도 건당 40만 달러 이상으로 역대 최고액이다. 미국 대통령이 퇴임 후 민간인을 상대로 강의하고 강의료를 받기 시작한 것은 제38대 대통령을 지낸 제럴드 포드 대통령부터이다. 당시 포드의 회당 강의료는 4만 달러 정도였는데 1970년대 물가 수준을 감안하면 상당한 고액이었다. 빌 클린턴의 퇴임 후 15년 동안 클린턴 부부는 700여 차례에 이르는 강연을 통해 무려 1억 5,000만 달러가 넘는 돈을 벌어 논란의 대상이 되었다. 인기 대통령인 오바마 역시 고액 강연료 논란을 피하지는 못했다. 오바마는 집권 기간에 한 번도 부정부패 사건에 연루된 적이 없을 정도로 깨끗한 정치인이었지만 퇴임 후 고액 강연료로 사람들의 눈총을 받아야 했다. 변호사 자격증이 있는 오바마는 퇴임 후 법률회사를 열어 더 큰 돈을 벌 수 있었지만 그렇게 하지 않았다. 대신 자신의 경험을 필요로 하는 곳에 찾아가 강연을 하고 대가를 받았음에도 수입과 관련한 논란을 피하지는 못했다.

세계를 통찰하는 지식과 교양 〈세계통찰〉 시리즈

미국

세계통찰 미국 ②

미국을 만든 사람들 2 - 미국의 대통령
오늘날 세계를 움직이는 파워 리더들

2019년 9월 1일 1판 1쇄 발행

지은이	한솔교육연구모임
펴낸이	권미화
편집	디닷
디자인	김규림
마케팅	조민호
펴낸곳	솔과나무
출판등록	2018년 12월 20일 제2018
주소	서울시 마포구 독막로 266, 111-901
팩스	02-6442-8473
블로그	http://blog.naver.com/solandnamu
트위터	@solandnamu
메일	hsol0109@gmail.com

ISBN	979-11-967534-2-9 44300
	979-11-967534-0-5 (set)

PHOTO CREDITS

140p 사랑의 집짓기 ©habitat.org | **160p** 관제사 파업 ©jdasolutions.aero
178p 병마와 싸우는 레이건 ©mayoclinic | **186p** 케네디를 만난 클린턴 ©worldhistoryproject.org
278p 하버드대학교 ©www.harvard.edu